Tony Neate
Jeder kann channeln

Tony Neate

Jeder kann channeln

Eine sichere
Anleitung zur
Erweiterung
der eigenen
Intuition

Aus dem Englischen von
Elisabeth Parada Schönleitner

KAILASH

Die englische Originalausgabe erschien 1997 unter dem Titel *Channeling for Everyone. A safe, step-by-step guide to developing your intuition and psychic awareness* bei Judy Piatkus (Publishers) Ltd, London.

Bibliografische Information der Deutschen Bibliothek:
Die Deutsche Bibliothek verzeichnet diese Publikation in der Deutschen Nationalbibliografie; detaillierte bibliografische Daten sind im Internet über http://dnb.ddb.de abrufbar.

© Tony Neate 1997
© der deutschsprachigen Ausgabe Heinrich Hugendubel Verlag, Kreuzlingen/München 2003
Alle Rechte vorbehalten

Umschlaggestaltung: 'Werkstatt München / Weiss · Zembsch
Produktion: Ortrud Müller
Satz: EDV-Fotosatz Huber / Verlagsservice G. Pfeifer, Germering
Druck und Bindung: Těšínska Tiskárna AG, Český Těšín
Printed in Czech Republic

ISBN 3-7205-2439-6

*Für Ann,
deren Geduld und Aufmunterung mich immer begleiten*

Inhalt

Vorwort von Dr. Andrew Powell _____ 9

Einführung von Gilly Wilmot _____ 15

Vorbemerkung des Autors _____ 21

1 – Die Anfänge _____ 23
2 – Die Geschichte des Channelns _____ 35
3 – Welche Bedeutung hat Channeln heute? _____ 43
4 – Die Entwicklung des Bewusstseins _____ 50
5 – Die Aura und wie Sie sich sammeln
   und erden _____ 58
6 – Der Geist, die Astralkörper und
   die Chakren _____ 74
7 – Meditation als Unterstützung für das
   Channeln _____ 88
8 – Psychischer Schutz während des Channelns
   und Vorbereitung auf das Channeln _____ 98
9 – Wie Sie mit dem Channeln beginnen _____ 118
10 – Welche Auswirkungen hat das Channeln? _____ 128
11 – Der Kontakt zu anderen Bewusstseinsebenen _____ 140
12 – Zweifel sind wichtig _____ 147
13 – Die Zukunft _____ 154

14 – Antworten von H-A auf Fragen
    zum Channeln _____ 158

Anhang _____ 183
  Die School of Channelling _____ 183
  Bibliografie und weiterführende Literatur _____ 184
  Nützliche Adressen _____ 185

Danksagung _____ 186

Register _____ 187

Vorwort

Dieses Buch spiegelt alle Eigenschaften von Tony Neates persönlichem Charakter wider: Es ist sachlich, humorvoll und nüchtern. Gleichzeitig zeigt es seine intensive Auseinandersetzung mit der spirituellen Dimension des Lebens und den weit reichenden Auswirkungen dieses Bewusstseins auf.

Ich lernte Tony vor etwa zehn Jahren bei einer seiner Vorlesungen kennen und war beeindruckt von seiner Offenheit, seiner Lebendigkeit und seiner sorgsamen Art, seine Erfahrungen im Bereich des Heilens seiner Zuhörerschaft zu vermitteln. Damals war das eine Gruppe von Psychiatern, die seinen Methoden bestenfalls skeptisch und schlimmstenfalls voreingenommen gegenüberstanden. Ich glaube, seine Bemühungen zeigten Erfolg, weil er in einfachen, intelligenten und aufrichtigen Worten zu ihnen sprach, ohne sie beeindrucken zu wollen. Sein Bericht über die Arbeit im transpersonalen Bereich ebenso wie mit subtilen Energien faszinierte mich.

Vom klinischen Standpunkt aus fielen mir plötzlich Patienten ein, deren Probleme sich nicht in das psychoanalytische System einordnen ließen, das bis dahin meine therapeutische Grundlage bildete. Außerdem gab es Patienten, über die ich mir den Kopf zerbrochen hatte, wie etwa jene, die Stimmen hörten, mystische religiöse Offenbarungen erlebten, aber keine Symptome zeigten, die zur Diagnose Schizophrenie führen würden. Und was war mit jenen, die unter einer emotionalen Überempfindlichkeit litten und diese durch innere Ablösung zu überwinden versuchten, auch wenn sie dies mit Depersonalisation oder dem Verlust des Selbst bezahlen mussten? In jüngster Vergangenheit waren auch die todesnahen Erfahrungen zu berücksichtigen. Die Liste lässt sich beliebig verlängern, und wir müssen uns eingestehen, dass es viele seltsame Erscheinungen gibt, die sich aus Sicht des Psychiaters in keine Schublade einordnen lassen.

Die meisten Menschen suchen erst einen Psychiater auf, wenn sie bereits in großen Schwierigkeiten stecken oder in der einen oder anderen Weise einen Zusammenbruch erlitten haben. Daraus ergibt sich verständlicherweise, dass der Psychiater dazu neigt, das vorliegende Geschehen als Zeichen einer Symptomatik zu deuten, die ein Eingreifen erfordert, um dem Betroffenen Erleichterung zu verschaffen. Ziel ist es, in eine sichere und bekannte Welt zurückzukehren und die unglückliche Episode zu überwinden. Diese Vorgehensweise wird durch das medizinische Modell von Geisteskrankheit verstärkt, das mit den wissenschaftlichen und kulturellen Erwartungen unserer westlichen Gesellschaft Hand in Hand geht. Die Fortschritte in der Biochemie, ebenso wie die neuen Techniken zum Scannen des Gehirns und die unzweifelhaften Erfolge bestimmter medikamentöser Behandlungen dienten dazu, die biologische Basis einer Vielzahl abnormer Geisteszustände hervorzuheben.

Das ist jedoch nicht die volle Wahrheit, und angesichts der komplexen emotionalen Natur der Menschheit wird sie es auch nie sein. Um mich einer bekannten Metapher zu bedienen: Auch wenn wir technisch gut über das Auto Bescheid wissen, dürfen wir nie den Fahrer vergessen! Auf der Grundlage dieser offenkundigen subjektiven Wahrheit erhebt sich die Gesamtheit der psychologischen Theorie. Unser Leben besteht darin, einen Beitrag zu leisten für eine Welt bedeutungsvoller Interaktionen, und von diesen geformt zu werden. Diese Wechselwirkungen beginnen als Säugling in den Armen der Mutter und umfassen in Wirklichkeit auch schon unsere pränatalen Erfahrungen. Die Entfaltung der menschlichen Psyche während der Kindheit und darüber hinaus gleicht einem Wunder. Ereignet sich dieser Prozess unter ungünstigen Bedingungen, überrascht es nicht, dass tiefe und anhaltende emotionale Wunden die Folge sind.

Dies ist der Augenblick, in dem Beratung und Psychotherapie auf den Plan treten, entweder als eigenständige Behandlungsmethode oder in Kombination mit einer medikamentösen Therapie. Innerhalb der wissenschaftlichen Gemeinschaft wurden diese Therapieformen anfangs nicht oder kaum anerkannt. Im Verlauf der letzten 50 Jahre haben sie sich jedoch trotz des Widerstands einen Platz erobert, auch wenn ihnen nach wie vor nicht die wahre Bedeutung zukommt. Solange sich ein Psychiater auf die biologischen und die so genannten psychosozialen Aspekte des Geistes beschränkt, befindet er sich auf sicherem Boden.

Allerdings gibt es vieles, das jenseits dieser Grenzen liegt. Spirituelle Notfälle übersteigen die Möglichkeiten vieler Psychiater, die sich oft schon unbehaglich fühlen, wenn in einem Gespräch auch nur das Wort »Seele« vorkommt. Eine spirituelle Krise kann jedoch zum Wendepunkt im Leben eines Menschen werden, wenn ein schmerzvoller, aber notwendiger Schritt nach vorn in völlig unerwarteter Weise auftritt. Dasselbe gilt für unseren Umgang mit Trauer und anderen traumatischen Verlusterlebnissen, die oftmals grundlegende Fragen über den Sinn des Lebens aufwerfen. Diese Ereignisse erfordern meist nicht die Hilfe eines Priesters oder Philosophen. Die erste Person, die um Rat gefragt werden sollte, ist der Patient selbst, dessen eigene Weisheit oder »Höheres Selbst« man um Beistand ersuchen könnte, sofern man ihm die Gelegenheit dazu einräumt.

Genauigkeit und ein ausgeprägtes Urteilsvermögen sind ebenfalls erforderlich für diese Arbeit, weil sie häufig durch Probleme im psychologischen Bereich oder mitunter biologische Unausgeglichenheiten erschwert wird. Gleichzeitig darf nichts außer Acht gelassen werden, wenn man einen echten Fortschritt anstrebt. Heilung bedeutet Ganzheit, und Ganzheit bedeutet, alle Störungsebenen zu berücksichtigen.

In meinem Fall ermutigte mich der Vortrag von Tony Neate, dem ich an einem Winterabend in Reading beiwohnte, die Grenzen der Psychiatrie auf neue Weise infrage zu stellen. Ich machte die Erfahrung, dass Patienten erleichtert reagierten, wenn sie über spirituelle Angelegenheiten sprechen konnten, ohne dass dies sogleich als Fantasie gedeutet wurde, oder über geliebte Menschen »im Jenseits«, ohne befürchten zu müssen, für verrückt gehalten zu werden. Ich lernte auch viele gute Heiler kennen, die über dieselbe außergewöhnliche Sensibilität verfügten wie einige meiner Patienten, mit dem Unterschied, dass sie ein gesundes, integriertes Leben führten und ihre Sensibilität positiv einsetzten. Zu guter Letzt gibt es Personen, die ihre rezeptorische Fähigkeit nutzen, um Energien weiterzuleiten, deren Wesen meiner Ansicht nach der heutigen Wissenschaft noch lange Zeit unbekannt bleiben wird, ebenso wie es unmöglich ist, Wasser in einer geschlossenen Faust festzuhalten.

Auf dieser subtilen Ebene ist Kommunikation ausschließlich subjektiv möglich. Inwieweit diese Kommunikation Gültigkeit besitzt, ist schwer abzuschätzen, weil es dafür kein geeignetes Messinstrument gibt. Sie lässt sich ausschließlich durch ihre Wirkung deuten. »An ihren Früchten sollt ihr sie erkennen«, lehrte Jesus. Aus diesem Grund ist auch höchste spirituelle Reinheit erforderlich. Damit meine ich nicht, dass der Suchende ein Heiliger sein muss, aber er sollte das Höhere Selbst in seinem Inneren, oder wie im Fall von H-A aus der äußeren Welt, aufrichtig um Rat und Hilfe bitten. Auch sollte er ein reines Herz haben und den ehrlichen Wunsch hegen, zu lernen und zu wachsen. Wie Tony Neate deutlich zum Ausdruck bringt, müssen jedoch auch die Informationen, die wir erhalten, einer ebenso sorgfältigen Prüfung unterzogen werden. Ungeachtet, aus welcher Quelle ein Ratschlag auch immer stammt, dürfen wir nie die Verantwortung für unser Handeln an jemand anderen abgeben. In Kapitel 13 dieses Buches geht H-A entschlossen und redegewandt auf diese entscheidende Frage ein.

Heute gibt es eine Menge von Büchern zum Thema Channeln, und da es sich hierbei um einen subjektiven Vorgang handelt, stehen dem Missbrauch Tür und Tor offen. Dies führt mich zurück auf den Untertitel dieses Buches: »Eine sichere Anleitung zur Erweiterung der eigenen Intuition«. Die einzelnen Kapitel dieses Buches leiten den Leser tatsächlich Schritt für Schritt an, und wenn Sie sich die Zeit nehmen, über jeden einzelnen dieser Schritte nachzudenken, wird sich dies für Sie in höchstem Maß bezahlt machen.

Die unaufdringliche Sprache, die ohne Fachausdrücke auskommt, verschmilzt in diesem Buch mit einer gehörigen Portion nüchterner Psychologie und dem spirituellen Inhalt. Die angeführten Übungen, von denen sich viele auf die kreative Kraft der Visualisierung stützen, sind einfach, wirkungsvoll und heilsam. Wenn eine Warnung ausgesprochen wird, geschieht dies aus gutem Grund, so dass Sie ihr Beachtung schenken sollten. Die Schlichtheit des Buches und sein freundlicher Tonfall könnten den Leser zu der Annahme verleiten, dass es sich bei dem Inhalt um leichte Kost handelt. Dies ist keineswegs der Fall. Denn die Kunst liegt in der Übermittlung der Aussage, und die Wahrheit, die mit unbeschwertem Herzen getragen wird, währt am längsten.

Dr. Andrew Powell
ist Psychiater und Chefpsychotherapeut im
National Health Service in Großbritannien.

Einführung

Ich schreibe diese Einführung zu Tony Neates Buch aus dem Blickwinkel eines Menschen, der von ihm unterrichtet wurde und heute mit ihm gemeinsam in der *School of Channelling* arbeitet. Ich würde gerne einige jener Erfahrungen mit Ihnen teilen, die ich im Zuge meiner Entwicklung zu einem Channel gemacht habe, und Ihnen berichten, welchen Anteil Tony an dieser Entwicklung hatte.

Zunächst möchte ich Ihnen ein Konzept vorstellen, nämlich das der Verwandlungsreise. Dieses Konzept ist ein Archetyp, der sich in sämtlichen Mythologien wiederfindet (wie etwa in der Suche nach dem Heiligen Gral) und von einem Helden erzählt, der sich auf die Suche nach der tieferen Bedeutung im persönlichen Leben eines Menschen macht. Die Suche bringt Schwierigkeiten, Herausforderungen und Prüfungen mit sich, die der Held überwinden muss, um dem Heiligen Gral näher zu kommen. Auch wenn diese Einweihungserlebnisse häufig in Einsamkeit erfahren werden, ist Hilfe zur Hand; sie findet sich in Form von Zeichen, Omen, Geistführern, Lehrern und synchronen Ereignissen. Jedes Treffen ist eine weitere, einzigartige Lektion. Der Suchende folgt dem Pfad der Selbstentdeckung bis zu seinem Ort der Weisheit und Erleuchtung.

Meine persönliche Reise in die Welt des Channelns begann mit einem Synchronereignis. Ich fuhr nach Malvern, um die wundervolle Hügellandschaft zu genießen, und betete auf einem der höchsten Gipfel um spirituelle Führung für mein Leben, ohne zu wissen, dass Runnings Park, wo heute die School of Channelling untergebracht ist, am Fuß jener Hügelkette lag. Kurz darauf erlebte ich eine sensitive »Öffnung«, die mich zu einer Reihe eindringlicher sensitiver Erfahrungen führte. Die vermutlich intensivste davon war das automatische Schreiben, das ich heute als Vorläufer des verbalen Channelns betrachte. Dabei fühlte ich plötzlich das starke Bedürfnis, schreiben zu müssen: die Wörter flossen in rascher Folge aus meiner Feder, wobei ich ihren Inhalt bis zum Ende der »Kommunikation« nicht kannte. Wenn das Material auch größtenteils interessant und mitunter bewegend war, blieb mir die Quelle verborgen. Ich hatte das Gefühl, keine Kontrolle über den Vorgang zu haben. Außerdem stand ich allem, was mit Psychismus zu tun hatte, grundsätzlich skeptisch gegenüber.

Etwa vier Jahre später nahm ich an einem Heilkurs in Runnings Park teil, und kurz darauf begann ich mit Tony in Einzelsitzungen zu arbeiten. Ich fühlte mich augenblicklich wohl damit, wie er sich der Entwicklung meiner Psyche näherte. Für mich war es wichtig zu spüren, dass ich meine Fähigkeiten in einer sicheren, beherrschten Umgebung entwickeln durfte. Um meine sensitiven Energien wirkungsvoll nutzen zu können, benötigte ich Übung und Disziplin. Wie jede andere natürliche kreative Fähigkeit muss auch diese aktiv verwendet und geschärft werden, um ihr wahres Potenzial erkennen zu können.

Durch meine Skepsis war ich vermutlich eine schwierige Schülerin. Ich verlangte ständig nach einem Beweis, dass mein Channeln tatsächlich echt war. Ich neigte dazu, übermäßig zu analysieren und den Inhalt als richtig oder falsch zu beurteilen. Vor allem war ich jedoch zutiefst selbstkritisch. Tony war geduldig, freundlich und sprach mir immer Mut zu. Er riet mir, meine Zweifel und Ängste anzunehmen, anstatt sie zu verdammen.

Wenn Herausforderungen und Konfrontationen meine Entwicklung förderten, schreckte Tony nicht davor zurück. Wie alle guten Lehrer weiß er, wann er seine Schüler vorwärts treiben muss – wie etwa in meinem Fall bei wichtigen Einweihungsschritten auf meiner Reise in die Welt des Channelns. Gleichzeitig sorgte Tony mit seinem scharfen Sinn für Humor dafür, dass wir bei unseren Sitzungen viel lachten. Diese Fröhlichkeit lockerte die Atmosphäre und half mir, mich zu erden.

Was ist es für ein Gefühl, zu channeln? Das Wesen des Geistes und sein Potenzial haben mich immer schon fasziniert, und als ich erstmals verbal zu channeln begann, war ich mir bewusst, dass ich mich nun einer vollkommen neuen Erfahrung öffnete. Ich erinnere mich, dass ich das Gefühl hatte, mein Körper würde plötzlich leichter – ich befand mich in einem angenehmen, entspannten Schwebezustand. Ich fühlte eine sanfte Brise, die mich umgab, und einen geringfügigen Druck, üblicherweise auf der linken Seite meines Kopfes; ein kaum wahrnehmbarer Duft begleitete die Brise. Die Stille vertiefte sich allmählich und es verbreitete sich eine Atmosphäre von Ruhe. Ich hatte den Eindruck, als stünde eine ziemlich große, männliche Gestalt neben mir. Ich war mir bewusst, dass Wörter in meinem Kopf auftauchten, vor allem spürte ich jedoch eine intensive Energie. Liebe und Frieden schienen mich einzuhüllen. Und obwohl ich wahrnahm, dass immer wieder Wörter auf mich einströmten, konnte ich mich nach der Rückkehr in den normalen Wachzustand kaum an etwas erinnern. Im Gegensatz zum automatischen Schreiben, das aus einem einfachen Fluss von Wörtern bestand, nahm mich dieser Vorgang wesentlich mehr gefangen. Im Verlauf der Zeit und mit mehr Übung gelang es mir, die Energie »festzuhalten«, und ein heftiger Kommunikationsfluss begann. Die Gedanken und die Sprache unterschieden sich von meinen eigenen: Was auch immer ich erlebte, wich von meiner üblichen Wahrnehmung ab. Als ich zu H-A durchbrach, jenem Geistführer, mit dem Tony seit vielen Jahren arbeitet, bedeutete dies einen persönlichen Wendepunkt. Auch ich begann mit H-A zu arbeiten und entwickelte dabei eine tiefe Liebe und aufrichtigen Respekt für seine Sanftmut und seine Weisheit.

Für viele Menschen war und ist Tonys Lehr- und Beratungstätigkeit Schlüsselelement ihrer eigenen Reise in die Welt des Channelns. Dadurch wurde ihm im Lauf der Zeit klar, dass er eine stärker strukturierte Methode benötigte, wenn er Menschen auf ihrer Suche unterstützen wollte. So gründete er im Jahr 1992 gemeinsam mit Ben Stevens die School of Channelling. Ebenso wie Runnings Park Tonys Antwort war auf ein empfundenes Bedürfnis – nämlich unseren sechsten Sinn anzuerkennen, um unser Bewusstsein zu erweitern –, dient auch dieses Buch demselben Zweck. Es hilft dem Leser, die faszinierende Welt des Channelns zu begreifen und zu einer sicheren Entwicklungsreise aufzubrechen. Jedes Kapitel wird mit einem geeigneten Zitat von H-A eingeleitet, das Tony als Channel empfangen hat. Die Schilderung der langen und ereignisreichen Geschichte des Channelns erinnert den Leser daran, dass jedes historische Zeitalter, ebenso wie unseres, Herausforderungen und Möglichkeiten für die Reisenden auf dem Pfad zu einem Höheren Bewusstsein bereit hielt. Wie der Titel dieses Buches bereits besagt, ist Channeln tatsächlich allen zugänglich: Es ist eine Fähigkeit, die wir alle besitzen und weiterentwickeln können, sofern wir dies wünschen. Tony nimmt dem Thema gekonnt den Schleier des Mystischen, betont jedoch auch seine heiligen Aspekte. Das Buch unterscheidet klar zwischen Psychismus einerseits und Spiritualität andererseits und erklärt die Verbindung zwischen diesen beiden Bereichen. Es vereint die Praxis mit der Berufung.

Mit einfachen, deutlichen Worten erklärt Tony die verschiedenen subtilen Aspekte unseres Wesens. Er betont auch, wie wichtig es ist, dass sich alle diese Ebenen im Gleichgewicht befinden, während wir uns zum Channel ausbilden. Wir lernen, wie wir die Kontrolle über unsere sensitive Energie erringen und wie wir sie auf kluge Weise nutzen können. Wenn man seine Fähigkeit zu channeln entwickelt, ist es unabdingbar, die Grenzen des Selbst zu begreifen – wie etwa das Bedürfnis, nach einer Reise, die aus der dreidimensionalen Wirklichkeit hinausführt, wieder sicher zurückzukehren. Wir werden ermutigt, in aufregende, unbekannte Gewässer zu steuern, aber unsere Navigationsinstrumente mitzunehmen. Das Buch verdeutlicht Tonys Standpunkt, dass wir geerdet sein müssen, ehe wir fliegen lernen. Die Anleitungen dienen als psychischer Schutz, und die vorgestellten Techniken sind einfach und wirkungsvoll. Die Betonung liegt immer auf der Eigenverantwortung.

Auf einer praktischen Ebene bietet das Buch klare, prägnante Ratschläge zur Vorbereitung auf das Channeln und die ersten Schritte. Darüber hinaus umfasst es auch hilfreiche Informationen über das, was wir uns erwarten dürfen, wenn wir mit dem Channeln beginnen. Dank seiner jahrelangen Erfahrung ist Tony in der Lage, mit den Zweifeln und der Skepsis des Lesers auf positive Weise umzugehen. Er beschreibt die Veränderungen, die sich durch das Channeln ergeben können, und schlägt Methoden vor, wie man diese Veränderungen in sein Leben integrieren kann. Sein Humor, der auch in diesem Buch immer wieder zum Ausdruck kommt, erinnert uns daran, wie wichtig es ist, das Ziel nicht aus den Augen zu verlieren und als Channel keine übertriebene Ernsthaftigkeit zu entwickeln.

Zu guter Letzt will ich wieder zur mythischen Reise zurückkehren. Als Suchender reist jeder von uns zu seinem einzigartigen Ziel, die erworbenen Erfahrungen liegen in der Reise selbst, in dem Prozess, den wir durchleben.

T. S. Eliot schrieb: »... und das Ende allen Erkundens wird sein, dass wir ankommen, wo wir aufbrachen – und diesen Ort zum ersten Mal erkennen.« Unsere Suche wird uns vielleicht auf eine denkwürdige, abenteuerliche Reise in das Bewusstsein führen, zu der uns Tony Neate mit diesem Buch einen vertrauenswürdigen Ratgeber und Begleiter bietet.

Gilly Wilmot
ist Lebensberaterin und Heilerin.

Vorbemerkungen des Autors

Dieses Handbuch führt Sie zunächst in die Geschichte des Channelns ein und erklärt, worum es sich dabei überhaupt handelt. Ab Kapitel 3 begleitet es Sie sicher und Schritt für Schritt auf dem Weg zu jenem Wissen und Verständnis, die Sie benötigen, um diese Fähigkeit zu entwickeln. Ich habe zahlreiche Übungen in das Buch aufgenommen, die Ihnen helfen werden, den ersten Schritt zum Channeln mit mehr Sicherheit und einem erweiterten Bewusstsein zu gehen, und Sie besser auf auftretende Eventualitäten vorbereiten. Mit Hilfe meiner Anweisungen werden Sie allmählich die Ihnen eigene Fähigkeit entdecken »loszulassen« und sich selbst gestatten, den erweiterten Bewusstseinszustand in Ihr alltägliches Leben aufzunehmen.

Bitte beachten Sie, dass es für Sie notwendig sein wird, eine Person zu finden, mit der Sie zusammenarbeiten und Fortschritte gemeinsam erleben können: Dadurch wird der Vorgang sicherer und bedeutend befriedigender. Sollten Sie Zweifel oder Bedenken haben, können Sie sich an die auf Seite 185 angeführten Organisationen wenden. Ich rate Ihnen auch, das Buch zunächst einmal komplett durchzulesen, ehe Sie mit den Übungen beginnen. Erst danach sollten Sie es ab Kapitel 3 schrittweise durcharbeiten.

Kapitel 1 schildert meine eigene Einführung in das Channeln, und vielleicht werden Ihnen meine Erfahrungen bekannt vorkommen. Mein Bericht wird Ihnen zudem zeigen, um wie viel einfacher es heute ist, etwas über diese Dinge zu erfahren. Sie werden erkennen, dass sich Ihr gesamtes Leben bereichern wird und Sie neue Dimensionen des Verstehens in die kreativen Aspekte Ihres Wesens aufnehmen werden, sobald Sie bereit sind, den Sprung zu wagen.

Das Buch umfasst auch Kommentare meines langjährigen Geistführers H-A. Sämtliche Zitate von H-A wurden durch mich gechannelt, sofern nicht anderes angeführt.

1 Die Anfänge

»*Du bist Teil von etwas so Lebenswichtigem und Bedeutungsvollem, dass du jede Sekunde deiner physischen Inkarnation genießen solltest.*«

H-A

Meine ersten sensitiven Aktivitäten machte ich in den 50er Jahren mit einem umgedrehten Glas auf dem Tisch. Das eigentliche Abenteuer hatte jedoch lange davor begonnen. Ich hatte sehr jung geheiratet, mit 21 Jahren, und sowohl meine erste Frau Murry als auch mich drängte es aus unterschiedlichen Gründen, unser Elternhaus zu verlassen. In diesem Sinn war es eine Vernunftehe, auch wenn ich keine Ahnung hatte, welche außergewöhnliche Reise in dieser Beziehung ihren Anfang finden sollte.

Murry unterschied sich von all den anderen Mädchen, die ich kennen gelernt hatte. Sie erlöste mich von dem Gefühl, in mir gefangen zu sein; wichtiger jedoch war, dass sie einen Bereich meiner Erinnerung wiedererweckte, der sich über mehrere Leben erstreckte. Damals konnte ich diese Gefühle nicht als das erkennen, was sie waren, aber ich erinnere mich, dass ich von einer inneren Motivation vorwärts getrieben wurde. Es war aufregend, als würde mich an der nächsten Ecke etwas Bedeutendes erwarten, auch wenn ich nicht wusste, was es war. Das Unternehmen wirkte Angst einflößend und riskant, aber ich wusste, dass ich diesen Pfad einschlagen musste, wie schmerzlich er auch sein mochte.

Dieses innere Gefühl hatte mich mein Leben lang begleitet. Ich war ein schüchternes Einzelkind, empfänglich für sensitive

Atmosphären und Geister, und versuchte gerade deshalb verzweifelt, von meinen Altersgenossen als »normal« akzeptiert zu werden. Dabei wusste ich genau, dass in meinem Inneren eine Saat keimte, die schließlich alles andere als »normal« im herkömmlichen Sinn sein würde. Ich verabscheute Sport, weil er mir als Zeitvergeudung erschien, und diese Abneigung wurde noch durch die Tatsache gefördert, dass ich im Sport nicht sonderlich gut war – ich konnte den Ball nie genau erkennen! Allerdings ging ich sehr gerne laufen, und als Jugendlicher ruderte ich einige Jahre lang. Andererseits war ich auch kein Bücherwurm, denn ich zog es vor, in der Gegenwart zu leben und das zu genießen, was ich damals für Fantasien in meinem Kopf hielt. Ich glaube, ich war mir immer schon der Energien bewusst, die mich umgaben, und fühlte ihre Atmosphäre. Als ich dann von »Schutzengeln« und »persönlichen Geistführern« hörte, ergab dies für mich einen Sinn und erklärte vieles, was mir in meiner Kindheit rätselhaft erschienen war.

Wenn ich zurückblicke, bin ich erstaunt, wie ich geführt und vorbereitet wurde, auf das, was kommen sollte. Nur ein Beispiel: Da ich während des Zweiten Weltkriegs die Schule besuchte, klassifizierte man mich aufgrund der Tatsache, dass mein Vater Methodist war, als »Angehöriger einer anderen Glaubensgemeinschaft« und ich erhielt keinerlei religiöse Bildung. Bis heute habe ich die Bibel kein einziges Mal gelesen. Ich bin davon überzeugt, dass dieser Mangel an konventioneller spiritueller Bildung mich befähigte, eine Philosophie zu channeln, die von der christlichen Kultur, in die ich hineingeboren war, weitgehend unbelastet ist. Jedenfalls war meine frühe Kindheit geprägt von den angsterfüllten religiösen Glaubensgrundsätzen meines Vater, was mich zum Agnostiker machte, weil ich davon ausging, dass ein Gott, falls es ihn tatsächlich gab, keineswegs die intoleranten und einengenden Ansichten meines Vaters widerspiegeln würde! Nun stelle ich die Frage: War dies sein Plan oder meiner?

Gleich zu Beginn unserer Ehe entwickelte Murry Interesse an Paranormalem und begann mit einigen Freunden mit einem umgedrehten Glas auf dem Tisch zu experimentieren. Aufgrund meines heutigen Wissens möchte ich niemandem raten, sich dem Psychismus in dieser Weise anzunähern. Aber wir taten es und hatten Glück, denn er führte uns beide in ein neues Leben und Bewusstsein.

Zunächst war ich skeptisch, was den Versuch anbelangte, »mit den Geistern des Jenseits Kontakt aufzunehmen«, so dass ich mich nur widerwillig anschloss. Doch vermutlich war es mir zu langweilig, einfach nur daneben zu sitzen, während die anderen spielten, so dass ich schließlich nachgab. Zu meiner großen Überraschung spürte ich ein Kribbeln, als ich meinen Zeigefinger an das umgedrehte Glas hielt. Das Glas wurde in die Mitte des Tisches gestellt und rundum ein Kreis von kleinen Karten mit Buchstaben angeordnet sowie zwei zusätzliche Karten mit den Worten Ja und Nein. Plötzlich begann sich das Glas rasch in dem Kreis hin und her zu bewegen, und wir erkannten, dass wir zusammenhängende Botschaften empfingen.

An eines erinnere ich mich besonders deutlich: Was auch immer die Bewegungen des Glases beeinflusste, es zeigte seine Zu- oder Abneigung zu den einzelnen Personen. Als einmal jemand am Tisch saß, den das Glas ablehnte, sauste es vom Tisch und stieß den Teilnehmer unserer Runde kräftig in die Brust. Der Betroffene war so schockiert, dass er rücklings vom Stuhl kippte!

Die nächste Stufe erreichten wir, als sich Murry mit Psychometrie zu befassen begann. Sie überredete mich, Dinge zu erkennen, indem ich einfach einen Gegenstand festhielt, der einer anderen Person gehörte – am besten einer Person, die ich kannte. Zunächst geschah gar nichts, vor allem, weil mein logischer Geist auf den Plan trat und mir versicherte, dass die gesamte Angelegenheit absurd war. Immerhin war ich ein ganz normaler Mensch, wie ich es immer gewünscht und mir eingeredet hatte, und normale Menschen üben sich nicht in Psychometrie. Murry ließ jedoch nicht locker, und so gab ich nach und versuchte es noch einmal. »Stell dir vor, du hast einen Fernseher im Kopf und schaltest ihn ein«, schlug Murry vor. Ich tat es und sah plötzlich ein Bild, das ich zur großen Freude aller Anwesenden beschrieb. Bald schon erkannte ich, dass diese »Bilder« für den Eigentümer des Gegenstandes einen Sinn ergaben.

Dies war der Beginn eines neuen Abschnitts in meinem Leben, denn es wurde rasch zu einem faszinierenden Hobby, mit dem ich jeden Abend ausfüllte, und niemand war erstaunter als ich über die Genauigkeit meiner Aussagen. Ich machte Deutungen für Freunde und für deren Freunde und steigerte den Schwierigkeitsgrad, indem ich sie bat, mir Gegenstände zu geben, die keinen Rückschluss auf die Identität oder das Geschlecht des Eigentümers zuließen. Selbst ich war überrascht, wie viele meiner Deutungen »ins Schwarze« trafen, und mitunter waren sie sogar tatsächlich hilfreich.

Ich muss anmerken, dass ich zu diesem Zeitpunkt keinerlei spirituelle Motivation hatte, sondern aus purer Neugier handelte. Was hatte dies alles zu bedeuten?

Meine nächste Entdeckung machte ich, als ich für die Besitzerin eines eleganten Paars Ohrringe eine Deutung vornahm und sie erklärte, dass meine Worte keinen Sinn für sie ergäben. Ich stellte mich noch einmal neu ein und erhielt genau dieselben eindeutigen Angaben. Hatte ich etwas falsch gemacht, oder funktionierte es diesmal einfach nicht? Während ich die Ohrringe längere Zeit in der Hand hielt, wusste ich plötzlich intuitiv, dass sie bis vor kurzem einer anderen Person gehört hatten. Als meine Deutung der früheren Besitzerin übermittelt wurde (die Ohrringe waren wenige Monate zuvor von der Mutter an die Tochter weitergegeben worden), passten meine Angaben ausgezeichnet. Durch diese Erfahrung begann ich zu erkennen, wie sensitive Energie funktioniert.

Als ich eines Abends in der Küche unserer Wohnung in South London eine Deutung machte, geriet ich zum ersten Mal in Trance. Ich fühlte, wie sich eine Energie um meinen Kopf herum aufbaute, und war mir der Anwesenheit einer Person in meiner Nähe bewusst. Allerdings glaubte ich, dass ich eingeschlafen sei, aber das war ich nicht. »Jemand hat durch dich gesprochen«, sagte man mir, als ich die Augen öffnete. Ich war eine Stunde lang in Trance gewesen.

Diese Anfangstage waren unglaublich aufregend – ich fühlte mich, als hätte ich das Rad neu entdeckt! Wir trafen uns häufig und waren neugierig, was als Nächstes geschehen würde. Eines Abends schloss ich Kontakt zu einem Geist, der behauptete, Sigmund Freud zu sein. Er wirkte sehr deutsch und extrem genau. Er zitierte sogar aus einem Buch, das er geschrieben hatte. Als wir in der Westminster Library danach suchten, stellten wir fest, dass seine Informationen richtig waren. Der zitierte Absatz enthielt die Seitenzahl und alle anderen Angaben, die er gemacht hatte, *aber er war auf Deutsch*. Mit Hilfe eines Übersetzers gelang uns schließlich der Beweis, dass der Inhalt der Botschaft mit dem Text völlig identisch war.

Ein anderer Geist, der behauptete, die berühmte australische Sängerin Dame Nellie Melba zu sein, erzählte uns von einem Auftritt in Brüssel. Auch in diesem Fall prüften wir alles nach und stellten fest, dass die Angaben richtig waren. Die Sängerin half Murry, die am Royal College of Music Gesang studierte, sogar mit einigen technischen Ratschlägen.

Einmal trat ein Freund mit einer Bitte an mich heran. Er wirkte in einer Londoner Show mit und wollte seinen einseitigen Engagementvertrag kündigen, der besagte, dass seitens der Theaterdirektion das Arbeitsverhältnis jederzeit aufgelöst werden, er selbst aber erst nach Beendigung der Show kündigen könne. Ich nahm Kontakt auf zum Geist eines Verstorbenen, der behauptete, einst ein französischer Rechtsanwalt namens René Taillard gewesen zu sein. Er gab mir einige energische Anweisungen, welche Schritte unternommen werden müssten. Der Freund befolgte seinen Rat und konnte die Show ohne negative Folgen verlassen – eine beträchtliche Leistung, die juristisches Fachwissen erforderte.

Es machte mich glücklich, Menschen auf diese Weise helfen zu können, gleichzeitig fragte ich mich, was wohl noch alles geschehen würde, denn ich war immer schon neugierig gewesen, was hinter der nächsten Biegung des Weges lag. Man könnte sagen, dass dies meine Philosophie war. Sie hat mich in meinem Leben oftmals auf unerwartete Weise bereichert, wie ich glaube. Rückblickend faszinierte mich daran vermutlich die Tatsache, dass es mir ein anderes Leben erschloss, denn beruflich war ich als Buchhalter in einer großen Ölgesellschaft beschäftigt. Damals war alles Paranormale noch streng verpönt – immerhin war in England das Gesetz gegen Hexerei erst im Jahr 1951 aufgehoben worden! So führte ich eigentlich zwei Leben, was mir nicht gerade leicht fiel. Wenn ich jedoch heute zurückblicke, erkenne ich, dass mir mein praktischer Beruf vermutlich geholfen hat, mich zu erden.

Mein Doppelleben bescherte mir auch einige haarsträubende Augenblicke. Als ich einmal auf der Mittelseite der Sonntagsausgabe einer Boulevardzeitung abgebildet wurde, fürchtete ich mich vor den möglichen Reaktionen, die mich am Montagmorgen an meinem Arbeitsplatz erwarten würden. An jenem Tag sprach mich allerdings niemand auf den Zeitungsartikel an. Einige Zeit danach hatte ich jedoch auf einer Cocktailparty für die Mitarbeiter des Unternehmens ein amüsantes Erlebnis. Einer der Direktoren trat an mich heran und ersuchte mich, ihm aus der Hand zu lesen. Leider fand ich nie heraus, ob er ebenfalls sensitiv veranlagt war und mich als sensitiven Menschen erkannte, ob er den Artikel gelesen hatte oder ob er bloß ein wenig betrunken war. Vielleicht von allem etwas!

Die Dinge entwickelten sich weiter, und eines Tages, als ich gerade eine Trancesitzung hielt, merkte ich, dass ein indianischer Führer über mir war. Ich rief ihn an und fühlte, wie er mit meinem Bewusstsein verschmolz. Dies war ein bedeutendes Ereignis, denn erstmals war ich zu einem philosophischen anstatt einem praktischen Führer durchgedrungen. Er stellte sich als White Cloud vor und sagte durch mich: »Ich bin hier als Vorläufer eines anderen, der kommen und eine Lehre mitbringen wird, welche die bestehenden spirituellen Konzepte herausfordern wird.«

Erstmals geriet meine Neugier außer Kontrolle. Es hatte mir gefallen, mein Bewusstsein zu erweitern, und auch, dass ich anderen helfen konnte, hatte mich gefreut. Aber dass ich nun plötzlich die Gelegenheit erhalten sollte, Anteil an einer spirituellen Angelegenheit zu bekommen, erfüllte mich mit deutlichem Unbehagen. Es weckte Kindheitserinnerungen an meinen Vater und seine dogmatische Sicht von Gott und Christentum. Ich erinnerte mich an einen Zwischenfall, als mein Vater meine Mutter anschrie, weil sie einen Löffel hatte fallen lassen, während er im Radio eine Messe mitverfolgte, und er ihr drohte, dass sie für ihre Taten bis in alle Ewigkeit verdammt sein würde. Selbst nach heutigen Maßstäben wäre dies ein zutiefst verletzendes Verhalten. Als ich daher hörte, dass »Jemand« kommen würde, um eine spirituelle Lehre weiterzugeben, fühlte ich mich lediglich verwirrt, wütend und entschieden unwürdig. Aber es sollte so sein, und meine unstillbare Neugier überwand meinen Groll, so dass ich schließlich weitermachte.

Ich erinnere mich noch gut an den ersten Eindruck von H-A, jenem Führer, der mich auch heute noch als Channel verwendet und mich seit so vielen Jahren unterstützt. Es war ein besonders persönliches Erlebnis, als er zum ersten Mal erschien. Ich sah ihn als hoch gewachsene, schlanke Gestalt mit adlerartigen Zügen. Sein helles, schulterlanges Haar war in der Mitte gescheitelt, er hatte große, leicht schräg stehende, tiefblaue Augen, eine bronzefarbene Haut und hohe Wangenknochen. Bekleidet war er mit einer langen weißen Robe, einem blauen Umhang und goldenen Sandalen. Vor allem war ich mir jedoch des Lichts bewusst, das von ihm ausging – eine gewaltige Energie, die gleichzeitig unendliche Ruhe und Gerechtigkeit verbreitete. Er schien die ganze Menschheit in sich zu vereinen, als gehörte er nicht zu diesem Planeten, sondern zum Universum in seiner Gesamtheit. Von Anfang an lehrte er uns, nicht nur ihn anzurufen, sondern jeden Geist, der bereit war, durch einen Channel zu kommunizieren. »Wenn wir sind, was wir zu sein behaupten, werden wir die Aufforderung gerne annehmen. Wenn wir dies nicht sind, werden wir schon bald verschwinden, ohne die Aufforderung anzunehmen, die man uns machte.« Heute bin ich mir seiner unglaublichen Anwesenheit immer noch bewusst, aber sie wirkt weniger persönlich und konzentriert sich mehr darauf, eine subtilere Bewusstseinsebene zu erreichen.

Eine der ersten Fragen, welche die Anwesenden H-A stellten, lautete: »Wer bist du?« Darauf antwortete er:

»Ich bin, was ich bin, nicht mehr und nicht weniger. Ich bin Teil der universellen Göttlichkeit, wie du Teil der universellen Göttlichkeit bist. Ich sehe dieselbe Wahrheit wie du, nur vielleicht aus einer etwas erweiterten Perspektive. Wenn ich dir das Bild genau so übermitteln könnte, wie ich es jetzt sehe, wärest du dort, wo ich jetzt bin, jenseits des Selbstfindungsprozesses, den du gerade durchläufst. Niemand, der an eine physische Hülle gebunden ist, kann wirklich wissen, was jenseits dessen liegt, das er in einem beliebigen Augenblick zu begreifen vermag. Und selbst das, was er in einem beliebigen Augenblick versteht, kann sich verändern. Heute versteht er Dinge, die er gestern noch nicht verstanden hat.

Dies bin ich. Dies besagt, wo ich bin und wer ich bin. Ich bin die Liebe und das Licht. Aber sind wir nicht alle Liebe und Licht? Ich bin jemand, der hofft, dir behilflich sein zu können, damit du etwas mehr Licht in dir findest. Wenn es mir gelingt, dieses Licht zu entdecken, sind wir beide erleuchtet. Denn wenn es dir zum Vorteil wird und du lernst, ist dies auch zu meinem Vorteil, und ich lerne. Ich komme von jenseits der Grenzen des Planeten Erde, um ihm in seinem gegenwärtigen Entwick-

lungszustand zu helfen. Ich bin Teil der Erde in diesem ihrem derzeitigen Entwicklungszustand. Du stellst eine schwierige Frage, denn ich kann nur sagen, wenn du auch die Antwort sehen könntest, würdest du diese Frage nicht stellen. Ich versuche keineswegs, dir spirituelle Rätsel aufzugeben. Du musst einfach akzeptieren, dass ich dir eine Antwort geben will, die tiefgründig genug ist, damit du sie begreifst, ohne dass du mich zuerst als etwas siehst, das ich nicht bin, oder mich zu etwas machst, das du in mir sehen willst.«

H-A

H-A war der Ansicht, dass der *Inhalt* einer gechannelten Botschaft wichtiger war als ihre Bezeichnung, und wenn wir etwas von ihm wissen wollten, könnten wir ihn Helio-Arcanophus nennen, was so viel wie Hohepriester der Sonne bedeute. Er erklärte, dass dies sein Titel während seiner Inkarnation auf dem Kontinent Atlantis gewesen sei. Als Rufname ein echter Zungenbrecher, so dass wir ihn schon bald auf H-A abkürzten.

Indem mich H-A als Channel benutzte, begann er, uns in seiner unnachahmlichen Weise sein Wissen kundzutun. Selbst in jenen frühen Tagen erklärte er zu Recht: »Die Angst stammt *nicht* von Gott, sondern vom Anti-Gott.« Er sprach eindringlich davon, wie wichtig es sei, über einige der einengenden und negativen Eigenschaften unseres Zeitalters hinauszugehen, das auf das Bedürfnis nach Unterdrückung, Rache und Vergeltung aufgebaut sei, und in ein neues Zeitalter hinüberzuwechseln, in dem die positiven Eigenschaften Eigenverantwortung und Selbstbefähigung vorherrschten.

Damals wurde mir auch bewusst, dass sich das Wesen des Psychismus veränderte. So entfernte ich mich zunehmend vom Zustand eines sensitiven Mediums und dem traditionellen Zugang zu tiefer Trance und näherte mich einem liberalen Konzept, das auf dem Bedürfnis nach persönlicher Verantwortung im Spiritualismus aufbaute und sich zu einem spirituellen Hilfsmittel entwickeln ließ. So kündigte sich allmählich das wahre *Channeln* an. Es unterschied sich von den Lehren der in den 40er und 50er Jahren bekannten Geistführern White Eagle und Silver Birch insofern, als es einen neuen Zugang zum Spiritualismus bot, der allen offen stand und nicht nur jenen, die imstande waren, als Trancemedium zu fungieren.

In den darauf folgenden Jahren erhielt ich regelmäßig Durchgaben von H-A. Und in den zahlreichen Sitzungen ergab sich eine Philosophie, die unsere Gruppe in Meditation, Heilungsmethoden, psychischem Schutz und einem Verständnis für das Universum unterrichtete. Im April 1957 wurde die Gesellschaft der Atlantier gegründet, welche die Lehren von H-A studierte. Wir hielten in Kensington, einem in West-London gelegenen Stadtteil, öffentliche Versammlungen im kleinen Kreis ab, bei denen ich mitunter als Channel fungierte; Ende der 50er Jahre und in den 60er Jahren trafen wir uns sogar mehrmals in der Caxton Hall in Westminster, wo einmal sogar etwa 400 Personen an einer Versammlung teilnahmen. Wenn ich heute auf diese frühen Tage zurückblicke, erkenne ich, wie kühn wir damals waren. Doch das ist der Enthusiasmus der Jugend!

Die Gesellschaft wuchs bis Ende der 80er Jahre stetig weiter, bis alle Beteiligten zu der Ansicht gelangten, dass sie mittlerweile weit über die Bedürfnisse einer spezialisierten Gruppe hinausging. Die von der Gesellschaft ausgehenden Impulse hatten in der Zwischenzeit jenen Kreis von Freunden zusammengeführt, die 1981 Runnings Park gründeten, und die Mitglieder der Gesellschaft wurden zum Kern unserer heutigen Vereinigung Friends of Runnings Park.

Meine zweite Frau Ann und ich waren gemeinsam mit drei weiteren Familien Mitbegründer dieses Experiments gemeinschaftlichen Lebens; wieder begann ein kühnes Unternehmen, das viele Höhen und Tiefen erlebte. Wenn wir uns heute Runnings Park ansehen, ein von reger Aktivität erfülltes Zentrum für Gesundheit, Heilung und persönliche Entwicklung, in dem viele Menschen ein und aus gehen, so erfüllt es uns mit Zufriedenheit und sogar Begeisterung. H-A´s Philosophie und alles, was sich daraus entwickelt hat, trägt nun Früchte, und wir haben das Gefühl, dass ihre Zeit jetzt gekommen ist. Sie ist nicht mehr bloß Avantgarde. Während ich dieses Buch schreibe, sind die Lehrinhalte unseres 1983 gegründeten College of Healing bereits landesweit in den Stufen 1, 2 und 3 des Open College Networks aufgenommen. Die Workshops über sensitive Entwicklung und Persönlichkeitsentwicklung, die wir zunächst im Rahmen unserer ersten Gesellschaft und später im Rahmen des Wrekin Trusts (einer der ersten britischen Organisationen im Bereich spirituelle Erwachsenenbildung) an verschiedenen Orten abhielten, konnten wir während der letzten fünfzehn Jahre hier in der friedlichen Abgeschiedenheit von Runnings Park konzentrieren. Aufgrund des wachsenden Interesses und der steigenden Nachfrage entwickelte sich daraus auf natürliche Weise die School of Channelling (s. S. 183), die 1992 offiziell gegründet wurde. Ich hatte meine Grundausbildung in der Industrie erhalten und wusste durch diese Erfahrung, welche solide Basis eine durchdachte und strukturierte Annäherung an eine Lehre bot. Dieses Wissen war für mich von unschätzbarem Wert, deshalb wählte ich diese Methode auch für meine Workshops und Kurse in Persönlichkeitsentwicklung und Channeln.

Was hat mir das Channeln gebracht? Als Mensch hat es den Horizont meines Denkens und Erlebens erweitert und mich durch den Zugang zu den subtileren Ebenen meines Wesens befähigt, die Bedürfnisse anderer Menschen, anderer Evolutionsformen und des Planeten selbst in höherem Maß schätzen zu können und mir ihrer bewusster zu werden.

Zusätzlich zu Kursen im Channeln biete ich auch Heilungssitzungen, sowie Persönlichkeits- und Ernährungsberatung an. In meiner Arbeit als Therapeut ermöglicht mir meine stärker ausgebildete Intuition, das Leiden meiner Patienten und die zugrunde liegenden Ursachen eines Problems genau zu erkennen.

Dadurch dass ich deren Aura und mögliche Unausgeglichenheiten in ihrer Psyche sehen kann, erhalte ich wertvolle Informationen, die den Betroffenen in seinem Heilungsprozess unterstützen oder mir Wege aufzeigen, wie ich seine Heilung fördern kann.

Als Berater erhalte ich oft hellseherische oder hellhörerische Einblicke (s. Kap. 4), die es mir gestatten, auf einer wesentlich tieferen Ebene Unterstützung zu bieten. Die Schwierigkeit liegt eher darin, dass ich mitunter aus offensichtlichen Gründen Informationen über meine Patienten zurückhalten muss, die ich ihnen einfach nicht mitteilen kann – diese Schwierigkeit ist jedoch nichts im Vergleich zu der unschätzbaren Hilfe, die ich auf sensitiver Ebene erhalte.

Die Motivation, die mein Leben prägt, war sicher schon immer in mir, durch das Channeln wurde ich jedoch zu Quantensprüngen in meinem Verständnis für das Leben auf Erden befähigt. Mitunter bin ich immer noch erstaunt über den Inhalt der erhaltenen Botschaften. Dieses Buch bietet mir die Gelegenheit, die im Laufe meines Lebens angesammelten Erfahrungen in der Welt des Channelns und der sensitiven Entwicklung zu präsentieren, um Ihnen, liebe Leserin/lieber Leser, neue Möglichkeiten zu eröffnen. Ich hoffe, dass Ihnen mein Buch gefallen wird.

2 Die Geschichte des Channelns

»Geschichte ist da, um aus ihr zu lernen, und nicht, um sie nachzuvollziehen.«

H-A

Wie alles begann

Das Channeln selbst ist nichts Neues, mit Ausnahme vielleicht der Bezeichnung dafür. In historischen Dokumenten finden sich viele Beispiele für diesen Prozess, mit Hilfe dessen die Menschheit versuchte, Inspiration zu erhalten und eine Kommunikation mit einer Ebene jenseits der physischen Existenz aufzubauen. Jene Personen, die sich dieser Methode bedienten, traten unter unterschiedlichen Namen auf: Medium, Hellseher, Schamane, Mystiker, Prophet, Guru und so weiter. Wenn man an den Beginn der Geschichtsaufzeichnung zurückgeht, finden sich unzählige Berichte von einfachen Menschen aller Kontinente und Rassen, die sich dem Channeln widmeten.

Das antike Ägypten und Griechenland

In den fünftausend Jahren vor Einführung des christlichen Kalenders gelang es der ägyptischen Kultur, die Nachfolge der früheren archetypischen Kultur von Atlantis anzutreten. Sie brachte viele okkulte und sensitive Techniken hervor und nahm diese in ihre Religion und ihre Rituale auf. Der aus der 18. Dynastie stammende Pharao Echnaton (Amenhotep IV), der von 1378 v. Chr. bis 1362

v. Chr. regierte, gehörte vermutlich zu den größten ägyptischen Channellern und Hellsehern und war gewiss der erste der frühzeitigen Befürworter des Monotheismus, des Glaubens an einen Gott. Er war ein glühender Pazifist und wurde schließlich von seinen eigenen Idealen zu Sturz gebracht. Als er sich weigerte, den Syrern im Norden militärische Unterstützung zu gewähren, wurde er ermordet. Seine Inspiration wurde über zahlreiche Channeller weitergegeben, und auch durch mich sprach er in den Anfangstagen meiner Arbeit mit H-A. H-A befasste sich vorwiegend mit Philosophie, während Echnaton begierig war, unsere kleine Gruppe über Meditation, Heilung, Selbstschutz und den Umgang mit negativen Energien zu unterrichten.

Im antiken Ägypten interessierte man sich sehr für Medizin und Heilung, und Pharao Atothis verfasste sogar um 3000 v. Chr. ein Buch über Anatomie. Die Ägypter wendeten ziemlich hoch entwickelte chirurgische Methoden an, ebenso wie Kräuterheilmittel und sogar Therapieformen wie Reflexzonenmassage. Aufgrund von Zeichnungen, die im Grabmal des Arztes von Sakkara gefunden wurden, wissen wir, dass die therapeutische Wirkung des Massierens spezieller Punkte der Füße in Ägypten bereits vor mehr als 4000 Jahren bekannt war.

Die Ägypter glaubten, dass das »Leben nach dem Tode« dem Leben auf Erden gleiche – und dies sogar in Bezug auf den Status eines Menschen. Jemand, der in seinem irdischen Leben Priester war, würde auch nach dem Tod Priester, ein armer Bauer bliebe ein armer Bauer und so weiter; aus einem modernen Blickwinkel erscheint dies ein wenig langweilig. Die Ägypter entwickelten zudem das Konzept des »Traumchannelns«, wobei dem Channel die Informationen im Traum übermittelt wurden.

Während der antiken griechischen Zivilisation, die sich von etwa 2000 v. Chr. bis 300 v. Chr. erstreckte, verwendete man Orakel für die Übermittlung von Informationen, was eine bedeutende Entwicklung für das Channeln darstellte. Orakel waren

Individuen, die in Trance oder einen veränderten Bewusstseinszustand überwechselten, um Informationen von geistigen Lehrern jenseits des normalen menschlichen Bewusstseins zu erhalten. In Delphi, dem wichtigsten griechischen Orakelort, suchte man den Rat des Gottes Apollo. Die Pythia, eine in Trance versetzte Priesterin, verkündete Botschaften, die von den Priestern gedeutet wurden. Sie saß über einem Erdriss, dem Kräuterdämpfe entwichen, die sie in diesen Zustand versetzten. Den Aufzeichnungen zufolge gab Pythia Worte weiter, die nicht ihre waren, sondern die des Gottes, der über sie herrschte.

Wie uns heute bekannt ist, hielt der Mathematiker und Philosoph Pythagoras um 540 v. Chr. Séancen ab und verwendete dazu ein Hilfsmittel, das wir heute als Oui-ja-board bezeichnen würden. In seinem Buch *The ESP Reader* beschreibt David Knight das Szenario folgendermaßen: »ein mystischer Tisch, der sich auf Rollen bewegt und zu Zeichen gleitet, welche der Philosoph und sein Schüler Philolaus als Offenbarungen aus einer angeblich unsichtbaren Welt deuteten.« Auch andere Philosophen interessierten sich dafür. In seinem Werk *Die Republik* bezeichnet Platon die Weissagung als »höchste Kunst«, während Sokrates von einer »besonderen Gabe des Himmels« spricht. Ebenso wie die Ägypter befassten sich auch die Griechen mit Traumchanneln.

Das Zeitalter der Fische und das Christentum

Platon entdeckte, dass sich die Sonne im Uhrzeigersinn langsam durch die zwölf Zeichen des Tierkreises bewegte und die gesamten 360 Grad in einem Zeitraum von etwa 26.000 Jahren durchläuft. Daraus entstand, was wir heute als Sonnenzeitalter bezeichnen. Der jährliche Standpunkt wird jeweils zur Frühjahrs-Tagundnachtgleiche am 21. März anhand der Position der Sonne gemessen. Die Sonne durchläuft ein Tierkreiszeichen somit in etwas mehr als 2000 Jahren. Zur Zeit von Jesus Christus wechselte die Sonne vom Zeitalter des Widders in das der Fische. Heute stehen wir erneut an der Schwelle zweier großer Zeitalter, denn die Sonne wechselt aus dem Zeichen der Fische in das des Wassermanns. Der Übergang von einem Zeitalter in das nächste bewirkt einen Anstieg der Energien, weil sich auch der Einfluss des Zeichens ändert, und genau dies erleben wir heute.

Das Zeitalter der Fische war der Vorbote des Christentums mit seinem Konzept bedingungsloser Liebe und des Verzeihens, wie Jesus Christus lehrte. Dies bedeutete einen Quantensprung im spirituellen Verständnis, weil es über das von Rache dominierte Konzept von »Auge um Auge und Zahn um Zahn« hinausführte. Unglücklicherweise trug der patriarchalische Einfluss der christlichen Kirche dazu bei, dass die hierarchischen und autoritären Aspekte dieses Zeitalters dominierten, weswegen aufgrund des vorherrschenden Bekehrungswillens die gemäßigteren, spirituellen Aspekte der bedingungslosen Liebe und des Verstehens oftmals sogar verdammt wurden.

Damit weicht man auch der Frage aus: »War Jesus ein Channel?« Dies würde selbstverständlich die Ansicht ins Wanken bringen, dass Jesus ein Gott in menschlicher Gestalt war, worüber die Menschheit vermutlich bis zum Jüngsten Tag streiten wird. Die Lehre Jesu lässt sich jedoch als hervorragendes Beispiel dafür heranziehen, was Channeln zu bieten hat, und vielleicht lässt sich auch das Entwicklungsstadium von Jesus als eigenes Thema betrachten.

Die Ausweitung des Christentums und die strenge Kontrolle, die das Christentum über die Menschen ausübte, indem es die Furcht vor Gott betonte, wozu die Kreuzzugsarmeen und die Inquisition beitrugen, verhinderten lange Zeit, dass sich ein offenes, urteilsfreies Gedankengut entwickelte. Leider wurden viele erleuchtete Channel, die mutig genug waren, ihre Stimme zu erheben, grausam behandelt, wie etwa das Beispiel von Johanna von Orleans aufzeigt. Ungeachtet der Verfolgung überlebten einige Seher, wie etwa der 1642 in Leicestershire geborene George Fox, der Gründervater der Quäker, und der 1688 geborene schwedische Wissenschaftler Emanuel Swedenborg.

Im Alter von etwa 50 Jahren hatte Swedenborg seine ersten gechannelten Visionen und schrieb detailgetreu über das Leben außerhalb des Körpers. Er war auch ein bedeutender Hellseher. In seinem Buch *Three Famous Mystics* erzählt W. P. Swainson die wahre Geschichte über Swedenborg: Als er eines Abends mit Freunden zusammensaß, fragte einer von ihnen, ob er ihnen nicht als Beweis seiner Fähigkeit sagen könne, wer von ihnen als Erster stürbe. Er schwieg erst einen Augenblick lang und sagte dann: »Olof Olofsohn wird morgen früh um 4.45 Uhr sterben.« Olof wurde am nächsten Morgen tot in seinem Zimmer gefunden. Die Uhr war um 4.45 Uhr stehen geblieben. Swedenborg sagte außerdem das Ende der christlichen Kirche in ihrer gegenwärtigen Form vorher und war berühmt für seine Studien im Bereich der Physik, der Mineralogie, der Anatomie, der Psychologie und des Spiritismus.

Zur selben Zeit channelte in den USA ein Mann namens Joseph Smith Informationen von einem Engel namens Moroni. Dies führte zur Gründung der Mormonenkirche.

Spiritismus

Im 19. Jahrhundert erfolgte der Aufstieg des Spiritismus, der die persönlichen Aspekte des Channelns betonte und durch den Beweis, dass ein Leben nach dem Tod existiert, jenen Personen Trost spendete, die erst kürzlich einen geliebten Menschen verloren hatten. Der moderne Spiritismus ist eine Religion, die sich in spiritistischen Glaubensgemeinschaften auf der ganzen Welt wiederfindet; einige von ihnen folgen der christlichen Tradition, andere wieder öffnen sich einem erweiterten Glauben an verschiedene geistige Lehrer oder Atavare. 1888 veröffentlichte Madame Blavatsky, die Gründerin der Theosophischen Gesellschaft, ihr berühmtes Buch *Die Geheimlehre*. Sie selbst beschrieb sich als Empfängerin von Gedanken, die ihr weiterentwickelte, inkarnierte oder außerkörperliche Geister mitgeteilt hatten. 1919 schloss Alice Bailey, deren gechannelte Arbeit nach wie vor vom Lucis Trust veröffentlicht wird, erstmals Kontakt zu dem »Tibeter«, der ihr Lehren verkündete, die er zuvor durch Madame Blavatsky verbreitet hatte. Bailey erklärte einst: »Ich verstehe nicht alles, was ich erhalte. Und ich stimme auch nicht immer damit überein. Aber ich berichte alles wahrheitsgetreu.« Ich halte es für überaus wichtig, dass beim Channeln die Redlichkeit gewahrt wird. Was mich betrifft, so habe auch ich nicht allem zugestimmt, was H-A durch mich sagte, und es auch nicht immer verstanden, dennoch hörte ich nie auf, es zu veröffentlichen. Ein interessantes Merkmal der Lehren von Blavatsky und Bailey ist der Gedanke einer spirituellen Hierarchie und der sieben Existenzebenen. Beide Lehren bedienen sich zudem einer traditionellen, strukturierten Annäherung an den spirituellen Pfad.

»Die Menschheit war in allen Zeitaltern fasziniert vom Übernatürlichen; es bestand immer schon das Bedürfnis, seine Existenz zu beweisen. Im letzten Jahrhundert entwickelte sich der Spiritismus zu einer Religion, welche den Kommunikationsprozess mit verlorenen Seelen erforschte; für viele, die einen geliebten Menschen verloren hatten, wurde er dadurch zu einem Hilfssystem. Wenn man sich einige dieser Botschaften ansieht, kann man erkennen, dass sie eine Brücke bilden zwischen zwei Bewusstseinsebenen. Während wir in das Zeitalter des Wassermanns wechseln, das interessanterweise ein Zeitalter des Geistes ist, tritt auch der Spiritismus in eine neue Phase, wobei dieser Übergang bereits stattfindet. Daran wird auch die Fähigkeit der Menschen gekoppelt sein, die imaginäre, kreative und intuitive Seite ihres Wesens besser zu verstehen und zu nutzen.«

H-A

Einige weitere Beispiele bedeutender spiritueller Channels im 20. Jahrhundert

Die jüngere Geschichte des Channelns wäre nicht vollständig, wenn ich nicht auch den österreichischen Philosophen Rudolf Steiner erwähnte, der weltweit mit hunderten Schulen, die auf seinem Gedankenkonzept basieren, der Erziehung seinen Stempel aufdrückte. Steiner hinterließ jedoch auch einige interessante Ratschläge zum Thema Channeln. In seinem Buch *Wie erlangt man Erkenntnisse der höheren Welten?* schreibt er: »Verharre in Ruhe und Abgeschlossenheit, schließe die Sinne für das, was sie dir vor deiner Geheimschulung überliefert haben, bringe alle Gedanken zum Stillstand, die nach deinen vorherigen Gewohnheiten in dir auf und ab wogten, werde ganz still und schweigsam in deinem Innern und warte in Geduld, dann fangen höhere Welten an, deine Seelenaugen und Geistesohren auszubilden.«

Er förderte die Entwicklung der Vorstellungskraft und des Kindes als ganzheitliche Person, einschließlich des Geistes. In jüngerer Vergangenheit gab es Grace Cooke, welche die Lehre des White Eagle übermittelte, Maurice Barbanell, der mit Silver Birch in Kontakt stand, Ronald Beesley, ein Mann, der seiner Zeit voraus war und in den 60er Jahren einen Dialog über Ökologie, Erziehung, Drogen, Psychologie und die Evolution des Bewusstseins channelte. Die Philosophie von Ronald Beesley wurde von einer Organisation vereint, die sich White Lodge nannte. Und selbstverständlich gab es auch den berühmten, 1877 geborenen amerikanischen Hellseher Edgar Cayce, über den mehr als 30 Bücher geschrieben wurden. In einer Bibliothek in Virginia Beach, im Staat Virginia, werden 14.246 Abschriften seiner medialen Durchgaben aufbewahrt. Neben seiner Eigenschaft als Hellseher war er auch als medizinischer Diagnostiker und Prophet weithin bekannt.

Weitere Formen des Channelns in der Geschichte

Das Konzept des Channelns geht weit über den Bereich der spirituellen und esoterischen Lehre hinaus und umfasst auch sämtliche Formen inspirierter Kreativität: Kunst, Musik, Literatur, Bildhauerei, Architektur, Wissenschaft, Erfindungen und sogar Politik. Wir wollen uns also mal einige berühmte Persönlichkeiten aus der Geschichte ansehen.

Zunächst das Gebiet der Musik: W.A. Mozart schrieb im Alter von vier Jahren eine Sonate und im Alter von sieben Jahren eine Oper. Meiner Ansicht nach ist er ein typisches Beispiel für eine Person, die im sensitiven Bereich so offen war, dass es ihr schwer fiel, ihr Leben unter Kontrolle zu halten. Damit komme ich auf einen weiteren Grund zu sprechen, warum ich dieses Buch schreibe: Ich will meinen Lesern mit diesem Buch grundlegende Richtlinien bieten, um die kreative Seite ihres Wesens zu optimieren – und gleichzeitig unter Kontrolle zu halten.

Zur Welt der Wissenschaft: Albert Einstein schrieb in einem Brief an einen Kollegen: »Die Quantenmechanik ist sehr achtunggebietend. Aber eine *innere Stimme* sagt mir, dass das noch nicht der wahre Jakob ist. Die Theorie liefert viel, aber dem Geheimnis des Alten (Einsteins halb scherzhaft verwendete Bezeichnung für Gott) bringt sie uns kaum näher. Jedenfalls bin ich überzeugt, dass der Alte nicht würfelt. Auch Alexander Fleming, der Entdecker des Penizillins, und Graham Bell, der Erfinder des Telefons, suchten den Kontakt zu ihrer inneren Weisheit. Ähnlich inspiriert war auch die politische Weisheit von Sir Winston Churchill, in der Kunst und Bildhauerei sind Michelangelo und Leonardo da Vinci zu nennen und in der Literatur William Shakespeare. Die Liste ist schier endlos.

Ich hoffe, Sie gelangen beim Lesen ebenfalls zu der Überzeugung, dass wir zwar nicht alle Genies, aber dennoch imstande sind, unsere Kreativität und Inspiration weiterzuentwickeln.

3 Welche Bedeutung hat Channeln heute?

> »*Ziel des Channelns ist es nicht, eine Botschaft oder eine Anweisung weiterzugeben, sondern zu stimulieren – um neue Tiefen zu schaffen und neue Bereiche des Denkens zu eröffnen.*«
>
> H-A

Channeln ist eine Erweiterung unseres Bewusstseins. In unserer physischen Existenz haben wir fünf Sinne: Tastsinn, Geschmackssinn, Geruchssinn, Gehörsinn und Sehsinn. Darüber hinaus besitzen wir einen sechsten Sinn – das Bewusstsein für subtilere Dimensionen. Diese Fähigkeit hat jeder von uns; einige sind sich ihrer auf natürliche Weise bewusst, anderen fällt es schwerer, damit umzugehen. Dieses Bewusstsein zeigt sich in uns entweder als Yang, eine nach außen strömende Energie, oder als Yin, eine nach innen strömende Energie. Um seine Wirkungsweise zu begreifen, müssen wir die Funktionen der beiden Gehirnhälften betrachten, der linken und der rechten Hemisphäre.

Die linke und die rechte Hemisphäre

Wissenschaftler haben herausgefunden, dass sich die linke Gehirnhälfte zwar von der rechten unterscheidet, mit ihr jedoch eng verbunden ist. Die ersten Hinweise auf unterschiedliche Funktionsbereiche der beiden Hemisphären ergaben sich aus Fällen von Gehirnverletzungen und chirurgischen Eingriffen im Gehirn, die gegen Ende des 19. und zu Beginn des 20. Jahrhunderts vorgenommen wurden. Besonders deutlich zeigte sich dies, wenn die Verbindung zwischen den beiden Hälften unterbrochen war oder wenn eine Hälfte nicht mehr funktionierte, wie etwa bei Schlaganfallpatienten oder Patienten mit anderen neurologischen Problemen.

Die Arbeit von Neurophysiologen wie Dr. R. W. Sperry und Dr. M. S. Gayzonrija erbrachten den endgültigen Beweis, dass die beiden Hemisphären unterschiedliche Funktionen erfüllen. Dr. Herbert Benson erklärt in seinem Buch *The Maximum Mind*, dass die linke Gehirnhälfte Informationen siebt und kategorisiert, während die rechte Gehirnhälfte als Zentrum für viele unserer intuitiven und kreativen Mentalfunktionen dient. Ich möchte sogar noch einen Schritt weitergehen als Benson und behaupten, dass die *linke* Gehirnhälfte nicht nur den logischen und analytischen Prozess steuert, sondern auch das »Tun« selbst und die bewussteren Aspekte des Gehirns, und dass sich all dies in unserer *rechten* Körperhälfte ausdrückt. Umgekehrt steuert die *rechte* Gehirnhälfte die bildliche Vorstellungskraft, die Fantasie, die Empfänglichkeit, sowie die ganzheitlichen und unbewussten Aspekte unseres Seins, was durch die *linke* Körperhälfte ausgedrückt wird. In unserem technologischen Zeitalter neigen wir dazu, uns auf die Aktivität der linken Gehirnhälfte zu konzentrieren und der ebenso wichtigen imaginativen und kreativen Seite weniger Beachtung zu schenken oder sie sogar zu unterdrücken. Um jedoch als ausgeglichene, kreative, integrierte Wesen funktionieren zu können, benötigen wir das Miteinander beider Aspekte, weil sie einander ergänzen.

Der sechste Sinn

Die Funktionen der rechten Gehirnhälfte spielen eine Rolle für unseren sechsten Sinn und zeigen sich in jedem von uns vorwiegend als Yin-Energie oder Yang-Energie. Sie können entwickelt werden und manifestieren sich in unterschiedlicher Weise. Das nachfolgende Diagramm illustriert, wie sich die einzelnen Yin- und Yang-Aspekte entwickeln lassen.

H-A hat mir dieses Konzept von Yin- und Yang-Energie vorgestellt, und ich habe im Lauf der Jahre und in einer Vielzahl von Workshops fasziniert beobachtet, wie zutreffend diese Idee ist. Es zeigte sich, dass viele Menschen, die ihre latenten sensitiven Energien entwickeln wollen, dieses Konzept, und vor allem das Diagramm selbst, als große Hilfe empfinden. Da gerade in diesem wissenschaftlichen Bereich mehr Wert auf Logik gelegt wird, ist der Yin-Aspekt in der Psyche vieler Menschen nur schlecht ausgebildet. In der Folge verzichten sie unwissentlich auf eine Fähigkeit, die ihnen erhebliche Unterstützung bieten kann, einerlei, welchen Lebensweg sie gewählt haben. Dieses Buch macht es sich zur Aufgabe, all jenen zu helfen, welche die Yin-Aspekte dieser Energie weiterentwickeln wollen.

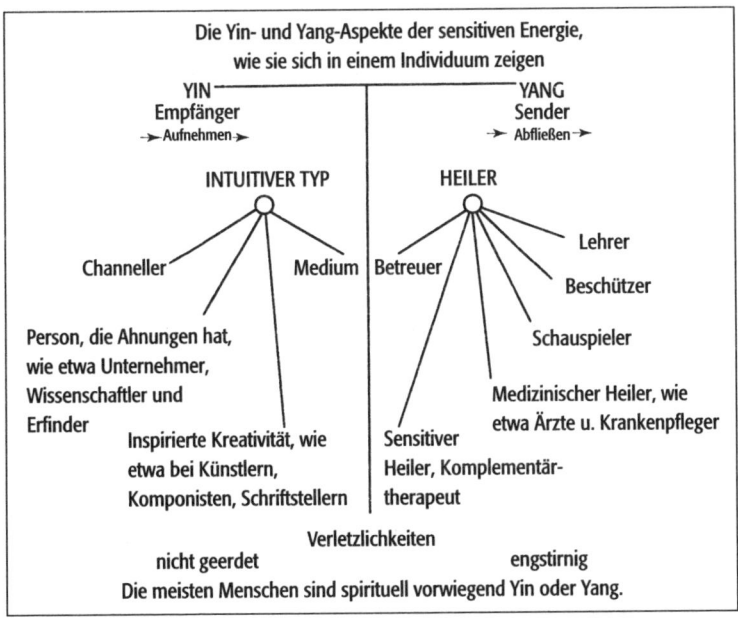

Viele Menschen fühlen sich, als segelten sie in unbekannten Gewässern, wobei sie die Öffnung der Psyche meist als unendlich erfüllend erfahren. Sie erweitert den Horizont und bietet unvorstellbare Erfahrungsdimensionen, die dem Geist neue Ideen und Konzepte offenbart. Ich bin davon überzeugt, dass die Öffnung der Psyche sogar das Bewusstsein für unser eigenes, ganzheitliches Wesen stärkt und uns unterstützt in unserem Streben nach Selbstbefähigung, Selbstverwirklichung und Erfüllung.

Der nach außen strömende Yang-Aspekt dieser Energie wird in all jenen widerhallen, die den Wunsch hegen, sich mit sensitiver oder spiritueller Heilung zu befassen. Langfristig wird die Auseinandersetzung mit dieser Energie Ihnen helfen, sich sowohl mit dem Yin- als auch dem Yang-Aspekt auseinander zu setzen, da sie einander ausgleichen und ergänzen.

Grundsätzlich bedeutet Channeln, dass Sie sich Ihrer Intuition bewusster werden und Sie empfänglich werden für subtilere Bewusstseinsebenen in Ihrem Inneren. Sie werden diese Sensibilität bei jeder Art kreativer Tätigkeit deutlicher fühlen. Channeln kann sich jedoch auch über diesen Bereich hinaus erstrecken und Sie mit empfindlicheren Bewusstseinsebenen in Kontakt bringen.

Die gechannelten Botschaften können somit entweder von verborgenen Bereichen Ihres Unbewussten stammen, die sich der höheren Aspekte Ihres Selbst bedienen, oder weiter reichen und durch den menschlichen Geist eine Kommunikation mit einer Quelle herstellen, die in einer subtileren und erweiterten Wirklichkeitsdimension existiert als jene des Channels. Auf diese Weise nutzen einige Menschen das Channeln in kreativem und intuitivem Sinn, während es andere anwenden, um ihre Spiritualität zu fördern und philosophische Lehren zu channeln. In meinem Fall führte es mich in einen modernen Mystizismus ein, der sich mehr auf die freie Entwicklung des Individuums stützt als auf die Nachfolge historischer Meister.

Die Reise muss jedoch im Bewusstsein persönlicher Verantwortung und mit Vorsicht angetreten werden. Die Entwicklung dieser intuitiven/sensitiven Seite Ihres Wesens gleicht dem Überschreiten einer stark befahrenen Hauptstraße – es ist eine sichere Angelegenheit, solange Sie sich an die Straßenverkehrsordnung halten und nach links und rechts sehen. Sie müssen immer wissen, was Sie tun, und bestimmte Grundregeln befolgen. Wenn Sie sich blindlings in die Sache hineinstürzen, ist es, als versuchten Sie, die stark befahrene Straße mit geschlossenen Augen zu überqueren. Selbst wenn Sie dann einen Gott um Hilfe anrufen, wird Sie das nicht davor bewahren, platt gewalzt zu werden wie ein überfahrener Igel.

Vom Zeitalter der Fische zum Zeitalter des Wassermanns

Wie ich in Kapitel 2 ausgeführt habe, hat sich das Channeln im Lauf der Geschichte nicht verändert. Durch den Übergang vom Zeitalter der Fische in das des Wassermanns, das so genannte New Age, hat sich jedoch ein Wandel im Psychismus ergeben, indem er jetzt allen zugänglich ist. Im Lauf der Zeit ändert sich auch immer wieder das Bewusstsein für sensitive Phänomene. Zu Beginn des letzten Jahrhunderts galten die Aussagen eines sensitiven Mediums als oberster Beweis für das Leben nach dem Tod. Heute hat sich der Blickwinkel verändert, und je mehr wir uns diesem Wechsel der Zeitalter nähern, desto deutlicher fühlen wir die Wirkung des neuen Einflusses. Das Zeitalter des Wassermannes ist ein Zeitalter des Geistes, und im Channeln spiegelt sich dieser Trend wider: Channeln ist Psychismus auf einer mentalen Ebene im Gegensatz zu einer sensitiven/emotionalen Ebene. Der Computer ist ein typisches Beispiel für das Wassermann-Bewusstsein, das die logische linke Gehirnhälfte in den Vordergrund stellt; es besteht jedoch die Gefahr, dass dieses Bewusstsein die Fantasie hemmt und damit auf psychologischer Ebene auch die Emotionen. Wir müssen darauf achten, dass das Pendel nicht zu weit in die entgegengesetzte Richtung schwingt. Ich bin überzeugt, dass der reale Wechsel in ein Zeitalter des Geistes das Bedürfnis nach einem vertieften Bewusstsein über das eigene Selbst fördert, das Bedürfnis nach der Antwort auf die Frage, wer und was man ist.

Wie lassen sich gechannelte Botschaften beurteilen?

Wenn ich einen philosophischen oder spirituellen Rat gebe, werde ich oft gefragt: »Wie kann ich beurteilen, was ich erfahren habe?« Die erste, rasche Antwort lautet: »Nur sehr schwer!« Der Grund hierfür liegt in der Tatsache, dass jeder Channeller ein einzigartiges Individuum ist, dem ein anderer Bissen vom universellen Apfel angeboten wird. Es gibt jedoch einige einfache Kriterien: So soll ein Ratschlag immer bedingungslos sein, in seinem Zugang urteilsfrei, die Haltung nicht manipulativ, er soll die menschliche Verletzlichkeit anerkennen und stets in Demut erteilt werden.

Einige Menschen behaupten, mit berühmten historischen Lehrpersönlichkeiten, mythologischen Gestalten oder ähnlichen Größen zu kommunizieren. Ein wenig ironisch kann ich da nur sagen: Wenn alle, die behaupten, mit Jesus in Kontakt zu stehen, tatsächlich von ihm Botschaften erhalten, dann wäre er ein wahrhaft viel beschäftigter Mann!

Da wir Jesus nun schon erwähnt haben, darf ich ihn gleich als Beispiel heranziehen. Zunächst einmal ist Jesus ein Mann, der vor annähernd zweitausend Jahren gestorben ist. Als Mensch war Jesus imstande, diesem Planeten die Weisheit der christlichen Bewusstseinsebene zu vermitteln, eine Energiefrequenz, die archetypisch und jedermann zugänglich ist, je nach der Wahrnehmungsebene des einzelnen Individuums. Es gibt jedoch auch viele andere archetypischen Energieebenen: die von Atlantis, die der Ägypter, der Griechen, um nur einige wenige zu nennen. Mitunter behaupten Menschen auch, Kontakt zu geistigen Führern aus der direkten Umgebung unseres Planeten aufzunehmen, wie etwa zum Erzengel Michael, auch Mikaal genannt, dem Beschützer der Erde.

Wenn Sie das Gefühl haben, eine dieser archetypischen Energien zu channeln, sollten Sie sich fragen, ob Ihr Ratgeber wirklich das ist, wofür er sich ausgibt, oder ob er nur ein inneres psychologisches Bedürfnis Ihres eigenen Wesens widerspiegelt. Eine Speise wird geprüft, indem man sie kostet, nicht indem man sie nach ihrem Namen beurteilt. Auch wenn nicht jedes Channelling eine Offenbarung ist, sollte eine Botschaft von einer höheren Weisheit doch eine gewichtige Aussage enthalten, die uns in unserer individuellen Selbstbefähigung vorantreibt.

Ziel dieses Kapitels ist es aufzuzeigen, dass Channeln von besonderer Bedeutung für die Erweiterung des Bewusstseins jedes Einzelnen ist – dass es eine aufregende Herausforderung ist. Es steht jedem von uns zur Verfügung, was auch immer wir tun, um unsere Einzigartigkeit als Individuum zu enthüllen und ein höheres Maß an Erfüllung zu finden – eine wahre, innere Freiheit.

»Freiheit ist ein Geisteszustand, kein Daseinszustand.«

H-A

4 Die Entwicklung des Bewusstseins

»*Um den Gott außerhalb zu finden, müssen wir den Gott im Inneren finden.*«

H-A

In Kapitel 3 habe ich Ihnen das Konzept der Yin- und Yang-Ströme der sensitiven Energie vorgestellt. Ich habe Ihnen erklärt, dass Yin mit dem Einströmen in Verbindung steht, das heißt, mit der intuitiven Seite unseres Wesens, und Yang mit dem Ausströmen, der aktiven sensitiven Energie des Heilers.

Alle Menschen sind sensitiv veranlagt, und mit Übung und Anleitung können sie lernen, ihre sensitive Energie zu nutzen. Die Kunst besteht darin, sich auf sichere und beherrschte Weise »auf Empfang zu schalten«, denn Energie ist überall im Universum verfügbar, und wie wir sie gebrauchen, bildet einen integralen Bestandteil unseres Wesens.

Energie ist von sich aus weder gut noch schlecht; einzig unsere Absicht bestimmt das Ergebnis. Dieser Aspekt ist überaus wichtig, da sensitives Bewusstsein oft mit Spiritualität verwechselt wird, wovon es sich jedoch deutlich unterscheidet. Sensitive Energie ist ähnlich wie Elektrizität gänzlich neutral. Man muss nicht sensitiv sein, um spirituell zu sein, und man muss nicht spirituell sein, um sensitiv zu sein. Eine sensitive Veranlagung kann jedoch hilfreich sein, wenn man spirituelle Inhalte sucht – weil sie ein wertvolles Werkzeug für inneres Wachstum und persönliche Entwicklung darstellt.

Im Bereich der Heilung channelt der Heiler Energie in einem nach außen gerichteten Strom aus dem Universum, und einzig die *Motivation* des Heilers bestimmt, ob die Energie heilt oder Schaden zufügt. Der Heiler ist somit verantwortlich für den Einfluss der von ihm gechannelten Energie.

Was die intuitive Seite des Wesens eines Menschen anbelangt, gibt es drei Grundformen sensitiven Bewusstseins:

Hellsehen

Dies bedeutet im wahrsten Sinne des Wortes »hell sehen« und bezieht sich auf das, was ein Medium auf einer subtilen Ebene »sieht«. Hellsehen wird in unterschiedlicher Weise erlebt. Mitunter kann ich tatsächlich ein Geistwesen sehen, das üblicherweise in der Gestalt einer früheren Inkarnation (eines früheren Lebens) erscheint. Der Geist eines verstorbenen Verwandten könnte somit in einer Form auftreten, die für den empfangenden Channel bzw. die Person, die um Kontaktaufnahme ersucht, bedeutungsvoll und anschaulich ist. Diese Form könnte in einer bestimmten Farbe oder als symbolisches Bild erfahren werden.

Beim Hellsehen geht es ausschließlich um das, was Sie vor Ihrem geistigen Auge »sehen« können, also einen vollkommen visuellen Eindruck. Im vorigen Absatz erwähnte ich Farbe. Ich zögere immer, bestimmten Farben eine bestimmte Bedeutung zuzuschreiben, da diese von dem jeweiligen Channel und der Frequenz abhängt, auf die seine Empfindlichkeit abgestimmt ist. Für jeden kann eine bestimmte Farbe etwas anderes bedeuten, daher rate ich meinen Schülern immer, ihren eigenen Farbkatalog zu erstellen und den einzelnen Farben auf der Grundlage ihrer persönlichen Erfahrung eine Bedeutung zuzuweisen.

Hellsehen erfolgt unter anderem auch in Form von Symbolen. Wenn Sie für eine andere Person channeln, könnten Sie beispielsweise ein Tier sehen, das für Sie oder die Rat suchende Person eine bestimmte Bedeutung hat. Wenn Sie für die Deutung

Hilfe benötigen, könnten Sie sich indianische Karten besorgen, die eine indianische Interpretation der Eigenschaften und Persönlichkeiten bestimmter Tiere und Vögel bieten. Vielleicht sehen Sie aber auch Kristalle, historische oder spirituelle Symbole. Ungeachtet der Formen, die Sie wahrnehmen, könnte es sein, dass Sie Hilfe benötigen. In diesem Fall ist es sinnvoll, sich an die nächste seriöse Buchhandlung zu wenden, die Bücher zu diesem Thema verkauft, oder informieren Sie sich in einer gut sortierten Bibliothek.

Verwenden Sie die Fachliteratur aber lediglich als Unterstützung Ihrer eigenen Interpretation. Schließlich ist es immer günstiger, sich seine eigenen Verständnisebenen zu schaffen, als sich auf die Ergebnisse anderer zu stützen.

Hellhören

Dies bedeutet tatsächlich »hell hören« und bezieht sich auf das, was ein Medium auf einer subtilen Ebene »hört«. Wenn Sie »auf Empfang gehen«, kann es mitunter vorkommen, dass Sie Botschaften, Wörter oder sogar Sphärenklänge hören, die Ratschläge für Sie bereithalten. Bei medialen Wahrnehmungen jeglicher Form ist es wichtig, immer zu prüfen, was Sie erhalten. Genaue Anleitungen hierzu finden Sie in Kapitel 8.

Hellfühlen

Dies bedeutet tatsächlich »hell fühlen« und bezieht sich auf das, was ein Medium auf einer subtilen Ebene »fühlt« oder »empfindet«. Hellfühlen ist die häufigste Form von medialer Sensibilität und umfasst sämtliche Gefühle, die Sie wahrnehmen, während Sie Ihre Empfindsamkeit entwickeln. Sie könnten zum Beispiel ein Gefühl aufnehmen, das zu einer bestimmten Person, einem bestimmten Gebäude oder einer bestimmten Situation gehört. Sie sollten jedoch nicht nur überprüfen, was Sie empfangen, sondern auch darauf achten, dass Sie jederzeit die Kontrolle über Ihre mediale Sensibilität haben. Gestatten Sie diesen »Gefühlen« nie, in Sie einzudringen, wenn Sie sie nicht dazu aufgefordert haben. Ich rate Ihnen daher auch, keinen meiner Vorschläge zu befolgen, ehe Sie nicht das gesamte Buch gelesen haben und sicher sein können, dass Sie stets Herr der Lage sind.

Ihre Sensibilität wird in einer der drei soeben beschriebenen Formen reagieren. Sensitive Entwicklung ist immer einzigartig und individuell, so dass es keinen vorgegebenen »richtigen« Weg gibt – nur einen Weg, der für Sie persönlich richtig ist. Abkürzungen gibt es ebenfalls nicht – haben Sie Geduld mit sich und lassen Sie es einfach auf natürliche, entspannte Weise geschehen.

Wie reagieren wir auf sensitive Entwicklung?

Für eine erfolgreiche und positive sensitive Entwicklung ist es wichtig, Harmonie und Gleichgewicht zu wahren, die Kontrolle zu behalten und immer gut geerdet zu sein. Während Sie Ihr sensitives Bewusstsein stärken, werden nicht nur Ihre sensitiven Zentren aktiver, sondern Ihr gesamter »Stoffwechsel« beschleunigt sich, als hätten Sie in einen höheren Gang geschaltet. Sie werden stärker, gleichzeitig aber auch verletzlicher. Am Beginn dieser Entwicklung könnten Sie auch sexuell leichter erregbar werden, da alle Ebenen Ihres Wesens aktiviert werden. Diese Veränderung ist ganz natürlich, und es gibt keinen Grund, sich deswegen zu sorgen. Auf Seite 114 erkläre ich, wie Sie gegebenenfalls mit dieser Reaktion umgehen sollten.

Die Erweiterung unseres Bewusstseins gleicht einer geistigen Evolution. Wir beginnen unser Sein als gedankliches Samen-

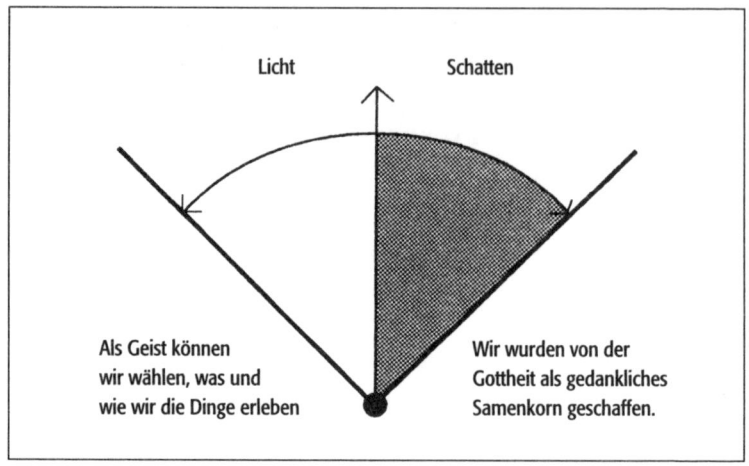

korn, und sobald die Tore aufgestoßen sind, fangen wir an zu wachsen und erweitern sowohl die hellen als auch die dunklen Seiten unseres Wesens, unserer inneren Natur und unserer Bedürfnisse. Wie wir auf dieses Erwachen reagieren, bleibt uns überlassen.

Vergessen Sie bitte nie, dass sensitives Bewusstsein nicht unfehlbar ist, weswegen wir ständig unsere Absichten hinterfragen sollten. Befassen wir uns damit, um uns spirituell weiterzuentwickeln oder um unser Ego zu stärken?

Unterschiedliche Ebenen des Channelns

Während Sie Ihre Sensibilität entwickeln, wechseln Sie in einen anderen Bewusstseinszustand. In diesem Augenblick fühlen Sie erstmals neue Bewusstseinsebenen, die jenseits Ihrer normalen Ebene des Verstehens zu liegen scheinen. Hierbei handelt es sich um einen Teil unseres Geistes, den wir als Höheres Selbst bezeichnen. Er ist der spirituelle oder göttliche Teil unseres Wesens, der uns mit unserer spirituellen Quelle verbindet. Wenn

wir anfangs Kontakt schließen, geschieht dies zumeist in einer bunten Mischung aus Hellsehen, Hellhören und Hellfühlen. Diese neue Form innerer Ratgebung erweitert allmählich die Dimension Ihres Denkens und Seins. Innerhalb dieses neuen Verständnisses gibt es drei wichtige Kommunikationsebenen, und jene, die Ihnen am meisten zusagt, wird im Allgemeinen einer der nachstehenden Kategorien angehören:
– BEWUSST
– HALB BEWUSST
– UNBEWUSST

Bewusstes Channeln

In diesem Fall ist sich der Channel vollkommen bewusst, was er empfängt, und kann sich anschließend an den gesamten Inhalt der Botschaft erinnern.

Halb bewusstes Channeln

In diesem Fall ist sich der Channel zur Zeit der Durchgabe des Inhalts der Botschaft bewusst, kann sich nach der Sitzung aber nur in begrenztem Umfang oder gar nicht mehr an den Inhalt der Botschaft erinnern.

Unbewusstes Channeln

In diesem Fall ist sich der Channel während und nach der Sitzung des Inhalts der Botschaft nicht bewusst. Sein Geist wird nur für die Übermittlung benutzt, wobei er das übergeordnete Prinzip der Botschaft unbewusst versteht. Diese letzte Form des Channelns ist zu vergleichen mit der Sitzung eines Mediums in tiefer Trance.

Meiner Erfahrung nach beeinflusst die verwendete Bewusstseinsebene die Gültigkeit des Inhalts nicht. Wichtiger ist, dass der Channel jenem Weg folgt, auf dem er sich am wohlsten fühlt.

Einige Hürden

Wir sollten uns immer bewusst sein, dass wir auf unserem Pfad auch Täuschungen begegnen können, wie etwa unseren eigenen Selbsttäuschungen oder Täuschungen aus der Geistwelt.

Selbsttäuschung

Wenn wir unsere kreative und intuitive Seite entwickeln, wäre es leicht möglich, dass wir uns plötzlich sehr mächtig fühlen, dass wir einen übertriebenen Missionsdrang empfinden und irgendwann sogar der Täuschung erliegen, dass wir aufgerufen sind, die Welt zu retten. Mein geistiger Lehrer H-A sagte dazu: »Der Augenblick, in dem wir unsere Wichtigkeit finden, ist auch jener, in dem wir sie verlieren.« Ich habe viele Sensitive kennen gelernt, die so eifrig danach streben, im Recht zu sein, dass sie dabei völlig vergessen, dass sie möglicherweise im Unrecht sind. Selbst wenn wir glauben, in einer Sache im Recht zu sein, dürfen wir dies keinesfalls verwenden, um andere zu überreden oder zu manipulieren. Erst wenn wir uns mit der Gottheit wiedervereinen, mit dem höchsten Gedanken, der uns als Geist schuf, kehren wir in den Zustand göttlichen Bewusstseins zurück, in den Zustand vollkommener Ausgeglichenheit und Verständnisses. Solange wir uns noch auf dem Weg dorthin befinden, gibt es kein vollkommenes Verständnis.

Täuschungen aus der Geistwelt

Wenn wir fühlen, dass wir Botschaften aus einer anderen Welt erhalten, müssen wir jedes Mal die Quelle hinterfragen. Wie im Leben gibt es auf allen Bewusstseinsebenen Wesen, die Sie zu täuschen versuchen, indem sie auf die Wünsche Ihres Egos eingehen, um ihr eigenes Ego zu stärken.

Worauf ist noch zu achten?

Wenn wir in diesem Bereich der Persönlichkeitsentwicklung arbeiten, müssen wir Disziplin wahren und stets die Kontrolle behalten. Da unser Wesen aus verschiedenen Ebenen besteht, spiegelt sich in jedem Einzelaspekt unseres Wesens wider, was auf einer anderen Ebene geschieht. So geben zum Beispiel unsere Emotionen wieder, was wir denken, und unser Körper verrät unsere Geisteshaltung. Ebenso zeigen sich in unserem sensitiven Zustand unsere Emotionen. Sofern wir im sensitiven Bereich blockiert sind oder Probleme haben, werden wir auch auf emotionaler Ebene entsprechende Schwierigkeiten haben, und umgekehrt. Wenn wir also zu einer Reise aufbrechen, die unsere Fähigkeit als Channel weiterentwickelt, kann es vorkommen, dass sich ein Problem auf einer emotionalen Ebene zeigt.

Mitunter ist es dann notwendig, diese persönlichen Probleme mit einem Berater oder einem Psychotherapeuten aufzuarbeiten. Nehmen Sie sich in Acht vor Ratgebern, die Ihnen etwas über Ihre früheren Leben erzählen wollen, denn dies kann sowohl manipulativ als auch irreführend und sogar emotional schädlich sein. Andererseits öffnet eine Regressionstherapie Ihnen womöglich eine neue Tür. Sie muss jedoch von einem erfahrenen Therapeuten durchgeführt werden, der es Ihnen ermöglicht, Ihre eigenen Bilder und Einzelheiten hervorzubringen.

5 Die Aura und wie Sich sich sammeln und erden

»*Die spirituelle Suche muss in jedem Aspekt deines Lebens zum Ausdruck kommen.*«

H-A

Die Aura

Um unser Bewusstsein zu erweitern, ist es wichtig, unsere Aura zu verstehen, zu kontrollieren und uns ihrer bewusst zu sein. Die folgenden Übungen werden Ihnen helfen, dies zu erreichen und Ihre Aura zu stärken. Sie lernen dadurch, sie zu kontrollieren und in ihrer Stärke und Ausgeglichenheit zu erhalten. Darüber hinaus lernen Sie, mit negativen Energien umzugehen, die zum Beispiel eine herrische, manipulative Person aussendet, ebenso wie mit unangenehmen Energien in der Atmosphäre, die sich durch die negative Einstellung einer Einzelperson oder einer Gruppe ansammeln.

Was ist Aura?

Die Aura ist ein energetisches »Kraftfeld«, das jeden von uns umgibt und uns hilft, ausgewogen zu bleiben. Sie spiegelt den Zustand unseres Geistes und unserer Emotionen wider und bietet uns Schutz gegen sämtliche störenden Einflüsse. Wenn unsere Aura im Gleichgewicht ist, sind auch wir als gesamtheitliches Wesen im Gleichgewicht. Jeder kann dieses Energiefeld wahrnehmen, wenn auch auf unterschiedliche Weise. Es ist möglich, die Aura zu sehen, zu fühlen, zu spüren und sogar zu riechen oder ihre Resonanz zu hören.

Darüber hinaus ist die Aura selbst ein unsichtbares Strahlungsfeld unseres Bewusstseins, das jede Zelle unseres physischen Körpers umfasst und durchdringt. Es wirkt nicht nur als Schutzschild, um auf allen Ebenen ausgewogen zu sein, sondern schützt uns auch vor anderen Energien aus dem Universum, die möglicherweise nicht mit unseren eigenen harmonieren.

Wie man die Aura fühlen und verstehen kann

Die Aura selbst ist objektive Wirklichkeit; wie wir uns ihrer bewusst werden, ist hingegen subjektive Wirklichkeit. Daher ziehe ich es vor, sie nicht durch ihre Größe, Form, Beschaffenheit oder Farbe zu definieren. Wenn Sie die Aura als eiförmig wahrnehmen, ist das ebenso gut, wie wenn Sie sie als fünf bis zehn Zentimeter dicken Nebel, als 45 Zentimeter tiefen Lichtschein rund um den Körper einer Person oder als prächtiges Farbenspiel sehen. Sie erscheint Ihnen in der Form, die Sie mit Ihren persönlichen Fähigkeiten empfinden. Niemand kann Ihnen vorschreiben, wie Sie die Aura sehen oder fühlen sollen, denn Sie stellen sich in Ihrer persönlichen Weise auf sie ein und verwenden dazu Ihre eigene »Frequenz«. Die Aura spiegelt jedoch die emotionale und spirituelle Energie eines Menschen ebenso wider wie seinen Gesundheitszustand. Sie sind daher in der Lage, sich auf eine oder mehrere Ebenen einzustellen.

Neben dem emotionalen Zustand umfasst die Aura auch eine weitere Ebene, welche die gesamten angesammelten Erfahrungen eines Menschen, also sein Karma, enthält. In anderen Worten: *Unsere Aura spiegelt alles wider, was wir sind und was wir bisher waren.*

Wenn ein Mensch geboren wird und aus der Vergangenheit ungelöste Probleme mitbringt – und dies trifft zu, ob man nun an vergangene Leben und Reinkarnation glaubt oder nicht –, werden die übernommenen Probleme in diesem Leben Herausforderungen darstellen, denen er sich stellen und die er überwinden muss. Die spirituelle Evolution eines Menschen beginnt nicht mit seiner Geburt: Das Leben in dem uns bekannten physischen Körper ist nur Teil unseres Prozesses. Wer und was wir als Geist sind, wonach wir streben, daraus ergibt sich das Lebensbild, auf das unser Geist hinarbeitet und dem entsprechend wir unsere Eltern wählen, noch ehe wir eine körperliche Existenz annehmen. So könnte ein Geist zum Beispiel in seiner Weisheit ein schwieriges Leben wählen, weil er damit einen bestimmten, guten Zweck verfolgt. Diese natürliche Weisheit und das Verständnis für den Geist spiegeln sich in der Aura wider.

Als praktizierender Persönlichkeitsberater und Sensitiver habe ich die Erfahrung gemacht, dass der Überblick, den ich durch die Aura eines Menschen über seinen persönlichen Zustand erhalte, um vieles aussagekräftiger ist als das, was ich an seiner Körpersprache ablesen kann. Während die Körpersprache unter bestimmten Umständen bewusst oder unbewusst manipuliert werden kann, ist es mir bisher nur selten passiert, dass eine Aura nicht den wahren Zustand des Klienten enthüllte. Dies wäre nur möglich, wenn eine Person bewusst ihre Aura überdeckt.

Üblicherweise bin ich imstande, die Aura eines Menschen zu »sehen«, eine Fähigkeit, die ich bereits mein Leben lang besitze. Für mich war es daher eine interessante Entdeckung, dass nicht jeder dazu fähig ist. Was bedeutet »sehen« in diesem Fall? Gewiss nichts Visuelles, denn alles existiert nur vor dem *geistigen Auge*. Für gewöhnlich sehe ich eine Aura in Schattierungen und Strukturen von Schwarz und Weiß, gelegentlich auch in Farbe, wenn starke Spannungen, Angst oder Furcht herrschen. Eines steht jedoch fest: Jene, die Auren sehen können, wünschen oft, es nicht zu tun, und jene, die sie nicht sehen können, wünschen sich zumeist, es zu können!

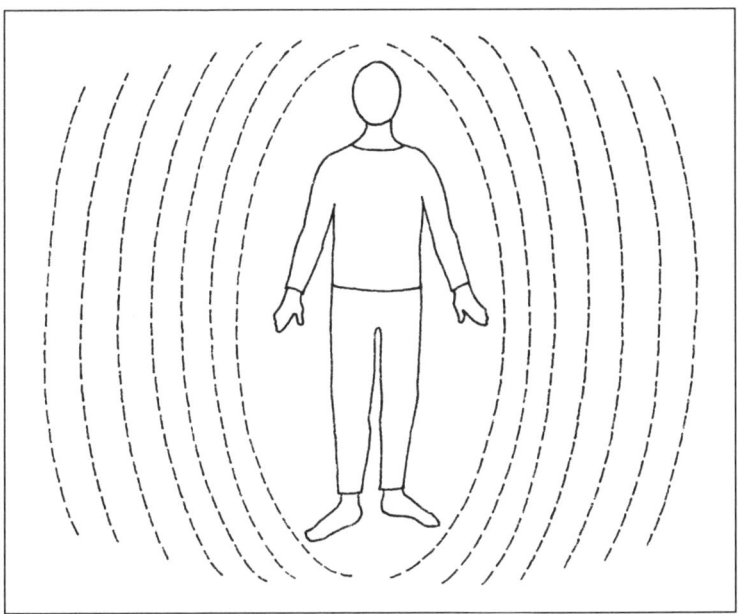

Das Aurenfeld

Wenn Sie je eine multifokale Brille getragen haben, wissen Sie, dass Sie am Rand der Linse zunächst senkrechte Bilder sehen. Das Gehirn passt die Bilder jedoch rasch an, so wie sie sein sollten. Ich vermute, dass beim »Sehen« einer Aura dieselbe Art von Anpassung im Gehirn erfolgt. In Wirklichkeit fühlen Sie bestimmte Energiefrequenzen um einen Gegenstand, die Ihr Gehirn intuitiv – mit etwas Geduld – zu einem Bild umdeutet.

Die Aura eines Menschen ist vergleichbar mit einer Musiknote, die pulsierende Frequenzen ausstrahlt. Diese Ausstrahlung wird als Frequenzband mit bestimmten Intervallen empfunden, wie mitklingende höher liegende Oktaven, die über der gesungenen Note wahrgenommen werden können. Diese Auren-Energiebänder strahlen mit immer größeren Abständen zwischen den einzelnen Bändern aus, wie in einer geometrischen

Folge (s. Abbildung). Bei manchen Gegenständen empfindet ein Sensitiver ein davon fernes Auren-Energieband stärker als eines, das dem Gegenstand näher ist. Ich habe die Erfahrung gemacht, dass Fernheilungen, bei denen die Heilungsenergie teilweise über tausende Kilometer geschickt wird, wirksamer sind, wenn ich mich auf das Auren-Energieband des Patienten einstellen kann.

Übung: Wie man die Aura fühlt

Vorbereitung

Bitten Sie einen Freund, mit Ihnen zusammenzuarbeiten. Wenn Sie keine geeignete Person kennen, können Sie sich einer Gruppe anschließen (s. Liste im Anhang) oder Kontakt zur School of Channelling aufnehmen. Dort wird eine Adressenkartei von Menschen geführt, die bereit sind, mit Ihnen zu üben.

Bevor Sie jedoch diese oder eine andere Übung ausprobieren, sollten Sie einen Raum wählen, in dem Sie ungestört sind. Schalten Sie das Telefon ab und stellen Sie so weit wie möglich sicher, dass Sie nicht durch Geräusche von außen abgelenkt werden. Wählen Sie eine bequeme Haltung, etwa aufrecht sitzend, wobei die Hände mit den Handflächen nach oben gerichtet auf den Oberschenkeln ruhen (ich nenne dies die ägyptische Haltung), oder den Lotussitz (s. Abbildungen).

Entspannen Sie sich

Setzen Sie sich einander gegenüber und entspannen Sie sich, indem Sie sich Ihres Körpers bewusst werden. Dies erreichen Sie am leichtesten, wenn Sie gleichmäßig und etwas tiefer als üblich atmen, so dass es für Sie angenehm ist. Konzentrieren Sie sich

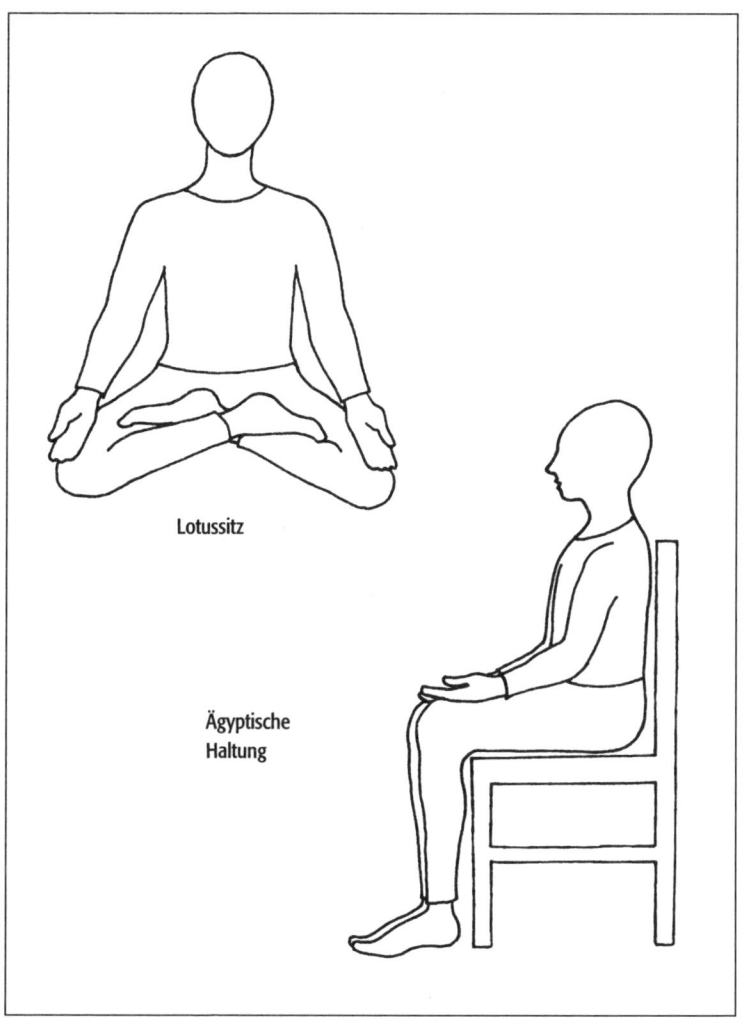

Lotussitz

Ägyptische Haltung

dabei bewusst auf Ihre Zehen und Füße: Fühlen Sie sie und entspannen Sie sie. Arbeiten Sie sich langsam durch Ihren Körper aufwärts – Beine, Hüften, Bauch, Wirbelsäule, Finger, Hände, Arme, Schultern, Nacken, Kehle, Kinn, Zunge, Gesichtsmuskeln, bis zur Kopfhaut. Allmählich werden Sie sich ausgewogen und auf angenehme Weise entspannt fühlen.

Nun sollte sich einer von Ihnen hinter den anderen stellen. Der Sitzende denkt nun intensiv an das Aurenfeld, das um seinen Kopf und seine Schultern strömt und sich ausweitet.

Der stehende Sensor reibt zunächst die Hände gegeneinander und streckt dann die Arme zu beiden Seiten des Kopfes des Sitzenden aus.

Der Stehende bewegt nun die Hände auf den Kopf des Sitzenden zu, bis er seine Aura zu fühlen beginnt. Sie könnten diese auf folgende Weise fühlen:
– als Kribbeln in den Handflächen,
– als Temperaturwechsel,
– als würden Sie auf eine weiche Wand stoßen oder eine plötzliche Brise
– als Parfum- oder Musiknote.

Sie könnten die Aura jedoch auch tatsächlich sehen, in Farbe, oder nur als vage Empfindung.

Führen Sie diese Übung vorsichtig aus, da der Sitzende ansonsten womöglich einen Druck um den Kopf verspürt. Sie werden die Aura in der für Sie einzigartigen individuellen Weise sehen oder fühlen, und wenn Sie sich in diesem Stadium noch keiner Empfindung bewusst sind, ist dies kein Grund zur Sorge – sie müssen einfach nur weiterüben. Wenn Sie Ihren Körper dazu ermutigen, wird er allmählich empfänglicher werden für subtile Energien.

Nachdem Sie die Aura etwa fünf Minuten gefühlt haben, sollten Sie zurücktreten. Nun sollten sich beide Übende sammeln, indem Sie Ihre Gedanken nach innen konzentrieren und den Boden unter Ihren Füßen fühlen.

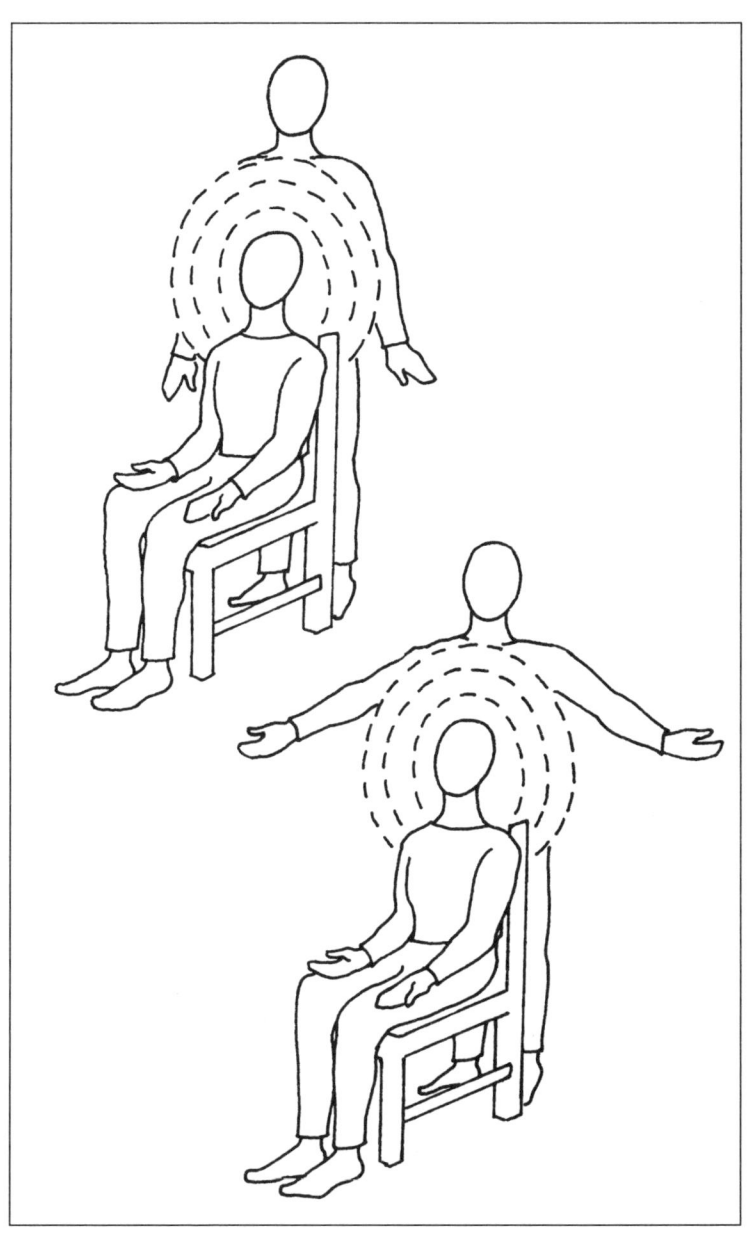

Das Fühlen der Aura

Wiederholen Sie die Übung nach einigen Minuten und ersuchen Sie den Sitzenden, für kurze Zeit Wut zu simulieren. Beobachten Sie, wie sich das auf die Aura auswirkt. Üblicherweise bricht sie in sich zusammen oder explodiert, je nachdem, welchem psychologischen Typus die Person angehört.

Fordern Sie Ihren sitzenden Partner nach etwa 20 bis 30 Sekunden auf, von seiner simulierten Wut abzulassen, und legen Sie die Hände sanft auf seine Schultern, um ihn zu beruhigen und ihm gegebenenfalls zu helfen, den Zustand der Ruhe wiederzuerlangen.

Am Ende der Übung sollten Sie sicherstellen, dass Sie beide jede sensitive Energie »abschalten«, die möglicherweise noch durch Sie hindurchströmt. Dazu können Sie die Hände gegeneinander reiben, sie in kaltes Wasser tauchen oder versuchen, die Energie der Erde unter Ihren Füßen zu fühlen.

Sprechen Sie anschließend über Ihre Erfahrungen und notieren Sie sie in einem Tagebuch. Falls Sie die Aura in Farbe sehen, sollten Sie eine entsprechende Anmerkung machen. Vergleichen Sie, inwieweit diese Farben mit jenen übereinstimmen, die Sie in der Aura anderer Personen sehen. Durch diese Erfahrungen werden Sie allmählich verstehen, was die verschiedenen Farben für Sie bedeuten. Über die Farben von Auren wurden viele Bücher geschrieben, meiner Ansicht nach spiegeln sie jedoch nur die persönliche Erfahrung des jeweiligen Autors wider. Sensitive Wahrnehmung ist einzigartig und individuell, so dass Sie nach und nach Ihre eigenen Kriterien festlegen müssen. Dies trifft auf alle Formen zu, in der Sie die Aura eines anderen fühlen oder empfinden.

Als allgemeine Regel gilt: Die Farben, die Sie in der Aura einer anderen Person sehen, geben Ihre üblichen Assoziationen zu den verschiedenen Farben wider. Wenn Sie beispielsweise die Farbe Grau als schwache Farbe betrachten und Sie in der Aura eines Menschen Grau sehen, verweist dies auf einen geschwächten Bereich in dieser Person.

Wiederholen Sie nun die Übung, indem Sie die Plätze tauschen. *Und seien Sie unbesorgt, falls Sie bei Ihrem ersten Versuch nichts empfinden – versuchen Sie es einfach erneut.* Sie sollten auch kein bestimmtes Ergebnis *erwarten* – beobachten Sie lediglich, was geschieht. Sollte auch nach mehreren Versuchen nichts passieren, ist dies ebenfalls kein Grund zur Sorge. Vielleicht gehören Sie einfach zu jenen Menschen, die sich beim Channeln einer Gruppe anschließen sollten (s. Anhang).

Wichtige Übungen als Vorbereitung auf das Channeln

Bevor Sie zu channeln beginnen, müssen Sie entsprechend vorbereitet sein. Die folgenden Übungen werden Ihnen helfen, den richtigen Zustand zu erreichen. Ich spreche häufig mit Personen, die daran interessiert sind, Ihr Bewusstsein zu erweitern, und glaube, dass die nachstehend beschriebenen Übungen bei vielen Lesern Wirkung zeigen werden. Im Lauf der 45 Jahre, die ich nun schon als Sensitiver arbeite, sind zahllose Ideen aufgekommen. In diesen Übungen habe ich die meiner Ansicht nach einfachsten und wirkungsvollsten Techniken zusammengefasst, um sicher Schritt vor Schritt zu setzen. Ich möchte betonen, dass diese Übungen Ihnen helfen werden, Ihr Channel-Erlebnis zu optimieren, sicherzustellen, dass Sie die Kontrolle behalten, sich wohl zu fühlen und die vor Ihnen liegenden Erfahrungen zu genießen.

Sich sammeln

Sie müssen sich nicht nur auf physischer Ebene, sondern auch auf der eines »bewussten Wesens« sammeln und sich gleichzeitig Ihrer eigenen Aura bewusst werden, die Sie umgibt und von Ihnen ausstrahlt. Damit stärken Sie nicht nur Ihre eigene Aura und festigen Ihr Gefühl, dass Sie die Kontrolle haben und gut geerdet sind, Sie bauen auch Ihren psychischen Schutz aus (s. Kap. 8). Die Übungen mit der Kameralinse und dem Overhead-Projektor sind besonders wirkungsvolle Visualisierungen, die man in zahlreichen alltäglichen Situationen des normalen Lebens anwenden kann. Ich habe sie schon mit großem Erfolg einer Vielzahl von Lernenden empfohlen. Es gibt verschiedene Methoden, um sich zu sammeln.

Übung: Fokussieren
Werden Sie sich des Zentrums Ihres physischen Wesens bewusst, indem Sie sich auf eine Lichtlinie konzentrieren, die ins Zentrum Ihres Wesens führt. Fühlen Sie, wie die Luft durch die Mitte in Ihre Lungen hinabströmt. Werden Sie sich einer tiefen Stille in Ihrem Inneren bewusst und blenden Sie sämtliche Ablenkungen von außen aus. Wiederholen Sie diesen Vorgang dreimal langsam und sorgfältig.

Übung: Verbinden Sie Himmel und Erde
Stellen Sie sich vor, wie Ihr Atem auf- und abwärts durch Ihren Körper strömt und sich, während Sie weiteratmen, allmählich bis in die Erde ausdehnt, bevor er hinaufstrebt in den Kosmos, so dass er Sie sowohl mit der kosmischen Energie als auch mit der Gravitationsenergie verbindet. Wiederholen Sie diese Übung dreimal oder im Einzelfall so lange, bis Sie das Gefühl haben, gesammelt zu sein.

Übung: Verwurzeln
Stellen Sie sich vor, dass von Ihren Fußsohlen Wurzeln in die Erde wachsen. Wenn Sie sitzen, können Sie zusätzlich eine dritte Wurzel vom unteren Ende Ihrer Wirbelsäule in die Erde wachsen lassen, so dass ein Dreibein entsteht. Wiederholen Sie nötigenfalls den Vorgang, bis Sie es deutlich fühlen.

Übung: Kameralinse
Stellen Sie sich vor, dass Sie eine Kameralinse fokussieren, um ein Bild scharf zu stellen. Dieses Bild zeigt Sie als ganze Person. Denken Sie immer daran, dass Sie in dieser Vorstellung sowohl die Kameralinse als auch das Bild sind und dass Sie jeden Aspekt Ihres Wesens ins Gleichgewicht bringen, harmonisieren und fokussieren. Diese Übung ist mir eine große Hilfe, wenn ich mich in einem Notfall sammeln muss. Sie lässt sich in wenigen Sekunden ausführen und ist in vielen unterschiedlichen Situationen hilfreich. Sie sollten diese Übung beispielsweise anwenden, wenn Sie sich mit einer Person auseinander setzen müssen, die Sie bedrängt oder übermächtig ist, wie etwa einem Elternteil oder Verwandten, Ihrem Vorgesetzten oder einem Arbeitskollegen – oder jeder anderen Person, die Sie herabsetzt, Ihnen das Gefühl vermittelt, unterlegen oder unwürdig zu sein, oder Sie auf andere Weise überwältigt.

Übung: Overhead-Projektor
Stellen Sie sich vor, Sie sitzen auf einem Stuhl, vor Ihnen stehen ein Overhead-Projektor und eine Leinwand. Sie haben sieben Transparentfolien, auf welchen eine Abbildung von Ihnen als Silhouette oder Foto in verschiedenen Tönen des Farbspektrums zu sehen ist. Die rote Abbildung liegt ganz oben, die violette ganz unten.

1. Schalten Sie den Projektor ein.
2. Legen Sie zunächst die rote Folie auf, so dass eine rote Silhouette oder ein rotes Foto auf der Leinwand erscheint.
3. Legen Sie nun die orangefarbene Folie auf die rote und fahren Sie danach fort mit der gelben, der grünen, der blauen, der indigoblauen und der violetten. Sorgen Sie dafür, dass die Konturen immer genau mit denen der vorherigen Abbildung abschließen.
4. Kontrollieren Sie noch einmal, dass die Folien perfekt übereinander liegen, so dass nur *eine* Kontur übrig ist, die *weiß* sein wird, da sie aus sämtlichen Farben des Spektrums zusammengesetzt ist.

Nun haben Sie Ihre Aura und sämtliche unterschiedlichen Ebenen Ihres Bewusstseins scharf gestellt. Sie werden sich ausgewogen, harmonisch und »in sich gesammelt« fühlen. Wenn Ihre Aura fokussiert und ausgeglichen ist, werden Sie das Gefühl haben, uneingeschränkte Kontrolle über sich und Ihr Leben zu besitzen.

Ein psychisch besonders sensitiver Mensch mit Yin-Neigung könnte das Gefühl haben, sein Geist sei unwillkürlich aus dem Körper ausgestoßen worden und könne nicht in zufrieden stellender Weise wieder in diesen zurückkehren. Der Geist säße somit zur Hälfte in und zur Hälfte außerhalb des Körpers fest. Der Grund hierfür könnte ein kräftiger Schock sein, der sich als Schwindelgefühl oder Orientierungslosigkeit bemerkbar macht – »spaced out« wäre ein moderner Begriff dafür. Dieser Zustand kann sogar Übelkeit bis hin zum Erbrechen verursachen. Zwei junge Frauen, die bei mir Heilung suchten, mussten sogar ihren Job aufgeben, weil sie ihre Orientierungslosigkeit nicht mehr ertrugen. Hervorgerufen wurde dieses Gefühl durch eine östliche Meditationsform, für welche die beiden nicht entsprechend gerüstet waren.

Zumeist genügt ein wenig Zeit, bis der natürliche Selbstheilungsprozess des Körpers alles wieder in Ordnung gebracht hat. Es gibt jedoch auch ebenso einfache wie wirkungsvolle Methoden, um den Geist selbst wieder zurück in den Körper zu führen.

Übung: Zurück in die Flasche
Ich bin sicher, Sie kennen diese Fernsehwerbungen, bei denen der Film rückwärts abgespult wird und beispielsweise die Flüssigkeit wieder in die Flasche zurückfließt. Stellen Sie sich vor, Sie seien diese Flasche und die Flüssigkeit sei Ihr Geist. Lassen Sie nun den Film zurücklaufen und visualisieren Sie, dass die gesamte Flüssigkeit in die Flasche zurückkehrt. Sobald sie wieder in der Flasche ist, setzen Sie einfach den Verschluss auf. Wiederholen Sie den Vorgang dreimal, um sicherzustellen, dass auch wirklich die gesamte Flüssigkeit wieder in der Flasche ist. Machen Sie nun die Übung mit der Kameralinse von Seite 69.

Übung: Kaltes Wasser
Legen Sie die Hände in kaltes Wasser und fühlen Sie, wie die Energie durch Ihre Wirbelsäule in die Hüften gleitet und abwärts durch die Beine in die Füße bis in den Boden.

Übung: Entspannen
Machen Sie etwas vollkommen Normales, wie etwa eine Tasse Tee trinken oder eine Sendung über Politik im Fernsehen verfolgen.

Übung: Spaß haben
Legen Sie lebhafte Musik auf und tanzen Sie umher.

Übung: Ziehen Sie sich nach innen
Heben Sie die Hände über den Kopf, wie in der unten stehenden Abbildung angeführt, und senken Sie sie langsam entlang Ihres

Körpers ab. Stellen Sie sich dabei vor, Sie würden sich tatsächlich nach innen ziehen. »Erden« Sie sich schließlich, indem Sie den Boden berühren.

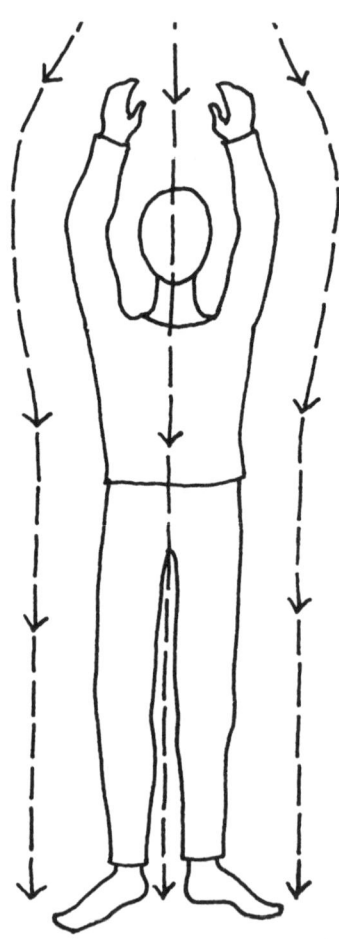

Übung: Verwenden Sie ein Symbol
Jedes Mal, wenn Sie sich sammeln und harmonisieren, sollten Sie den Vorgang damit abschließen, dass Sie sich in das Zentrum eines mehrdimensionalen Kreuzes mit gleich langen Balken stellen, das sich in einer goldenen Kugel befindet. Dies ist ein einfaches und mächtiges Symbol, das Sie garantiert schützen wird, weil es jegliche auf Sie gerichteten negativen Gedanken und Energien reflektiert. Die Bedeutung dieses Symbols wird in Kapitel 8 erklärt.

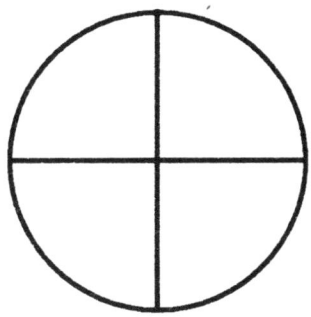

6 Der Geist, die Astralkörper und die Chakren

»Evolution hat mit Verstehen zu tun und nicht zwangsläufig mit Erleben.«

H-A

Dieses Kapitel führt Sie in weitere subtile Aspekte unseres Wesens ein, weil es im Einzelfall hilfreich sein kann, diese zu kennen. Sobald Sie sie verstehen, fällt es Ihnen leichter, fokussiert und ausgeglichen zu sein, und damit sind Sie in der Lage, sicher und wirkungsvoll zu channeln. Um das Thema Astralkörper und Chakren ranken sich einige Geheimnisse. Deshalb will ich Ihnen dieses Thema hier in einfacher Form vorstellen und erklären, wie sie wirken. Zunächst ist es jedoch wichtig zu erläutern, welche Beziehung zwischen dem Geist und dem physischen Wesen besteht.

Der Geist

Unser Geist ist der innerste Teil von uns, die wahre Essenz unseres Wesens. Er betritt den physischen Körper im Augenblick der Empfängnis und verlässt ihn im Augenblick des Todes. Der Körper, in dem er wohnt, bietet ihm das physikalische Mittel, um das Leben auf Erden in all seiner Komplexität zu erfahren, nämlich durch die Sinne, den Verstand und die emotionalen Aspekte unserer Psyche. Wir kennen all diese unterschiedlichen Bewusstseinsebenen, die zusammen unser Wesen ergeben. Sie stehen in Beziehung zu den Energien, die unter anderem von unserem

Denken, unserem Fühlen, unserem Empfinden und unserem inneren »Wissen« geschaffen werden.

In Wirklichkeit motiviert der Geist den physischen Körper. Er ist ein unentdeckter Teil unseres Wesens und besitzt einen wesentlich größeren Einfluss, als man allgemein erkennt. Er ist der »Gedanke«, der hinter der »Schöpfung« steckt.

Sie fragen sich vielleicht, wodurch sich eine so zarte Energie wie die des Geistes in der vergleichsweise dichten Energie eines physischen Körpers ausdrücken und ihn beeinflussen kann. Die Antwort lautet: Die Energie des Geistes wird durch eine Reihe von Ebenen heruntertransformiert, die als so genannte Astralkörper oder einfacher als Bewusstseinsebenen bekannt sind.

Astralkörper oder Bewusstseinsebenen

Wie viele Astralkörper jeder von uns besitzt, hängt vom jeweiligen Standpunkt ab. Wichtiger als die Zahl ist jedoch zu begreifen, dass sie existieren und dass wir uns jener Ansicht anschließen, die uns am sinnvollsten erscheint. Ich gehe davon aus, dass wir aus sechs Astralkörpern und dem physischen Körper bestehen, was insgesamt sieben Körper ergibt – oder sieben Bewusstseinsebenen. Wir wollen uns diese Astralkörper nun einmal im Detail ansehen.

Der physische Körper
Dies ist unsere physische Bewusstseinsebene.

Der ätherische Körper
Dieser ist ein ätherisches Gegenstück zum physischen Körper und wird mitunter auch als ätherisches Double bezeichnet, weil sich die beiden Körper gegenseitig widerspiegeln. Jeder physische

Körper besitzt ein ätherisches Gegenstück, und wenn eine Heilung erfolgt, spricht sie in erster Linie den ätherischen Körper an. Der ätherische Körper wirkt dann ausgleichend und korrigierend auf den physischen Körper. Somit hängt eine gute Gesundheit davon ab, dass der ätherische Körper gesund ist und richtig funktioniert; jede Störung beeinträchtigt zunächst die ätherische Ebene und überträgt sich dann auf die physische.

Der emotionale oder astrale Körper

Der emotionale Körper ist Träger der Gefühle, die sowohl mit unseren Gedanken als auch unserem physischen Körper in Verbindung stehen. Wir fühlen unsere Emotionen *physisch* und können unwissentlich Energieblockaden aufbauen, die insbesondere von ungelösten Träumen in der Vergangenheit herrühren. Diese stecken sozusagen in uns fest. Der emotionale Körper wirkt als Brücke zwischen dem mentalen, dem ätherischen und physischen Körper.

Der mentale Körper

Dies ist die Ebene unseres bewussten Denkens und unserer Visualisierungsprozesse, die augenblicklich Kontakt zu unseren Emotionen schließen kann. Wenn der mentale Körper klar und entspannt ist, gestattet er den feineren, intuitiven Energien, uns zu durchfluten.

Der intuitive Körper

Er bildet die Brücke zwischen den transpersonalen Aspekten der Seele und des Geistes und dem gewöhnlichen mentalen Bewusstsein. Jene feineren, spirituelleren Aspekte der Seele und des Geistes besitzen ein höheres Bewusstsein und Verständnis und kom-

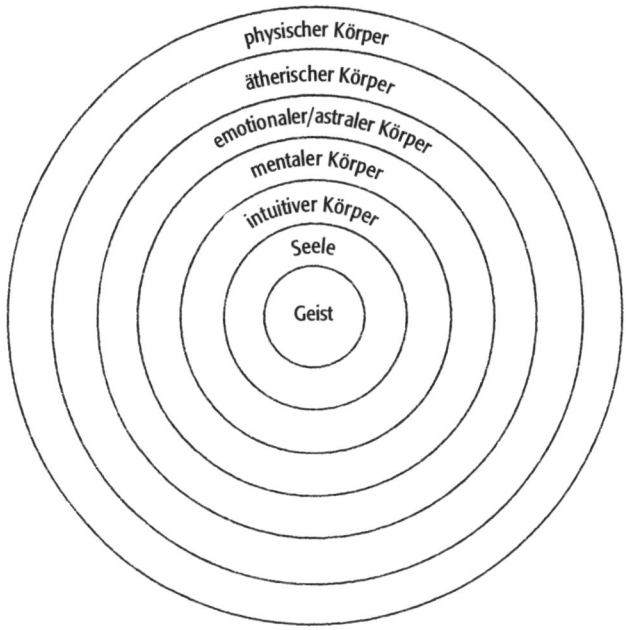

Bewusstseinsebenen/Astralkörper

munizieren über den intuitiven Körper in Form von Träumen, beim Meditieren oder durch Intuition. Im sensitiven Bereich ist dies die Ebene, um zu channeln und das so genannte dritte Auge zu entwickeln, durch das wir sensitiv wahrnehmen.

Seele

Die Seele ist jene Seite des Geistes, die wiedergeboren wird und sich mit unserem *raison d´être* (dem Grund unseres Seins) befasst, also mit dem, was wir erreichen wollen. Sie überträgt die Motivation unserer wahren Essenz, d. h. unseres Geistes, in die praktische Wirklichkeit des Lebens, hilft uns dabei, uns mit dem Karma auseinander zu setzen, um uns fortzubewegen und weiterzuentwickeln, und begleitet uns in unserer Entwicklung durch sämtliche Entscheidungen, die wir treffen.

Der Geist

Der Geist ist die wahre Essenz und Ausdruck jener Gottheit, die uns schuf. Er ist zum Teil in uns, zum Teil außerhalb und verkörpert das Höhere Selbst, d. h. unsere Verbindung mit der spirituellen Quelle oder der Gottheit.

> »Materie ist Geist auf seiner niedrigsten Manifestationsstufe und Geist ist Materie auf ihrer höchsten.«
>
> Madame Blavatsky

Die Chakren

Jedes Lebewesen benötigt Nahrung – kosmische und spirituelle ebenso wie physische. Unsere Chakren verbinden uns mit dem Universum. Sie sind Aufnahmepunkte oder, wie der Psychologe C.G. Jung sagte: »die Tore des menschlichen Bewusstseins«, welche kosmische Energien auf die physische Ebene transformieren und umgekehrt. Sie verbinden uns energetisch mit dem Kosmos und befähigen uns, uns physisch von den höheren Frequenzen zu nähren. Ebenso strahlen unsere gedanklichen und gefühlsmäßigen Prozesse über die Chakren aus.

Der Begriff »Chakra« stammt aus dem Sanskrit und bedeutet »Rad«. Das Wort wird in diesem Sinn verwendet, weil sich die Energie zu drehen scheint. Diese Energiezentren oder Wirbel sind in bestimmten Abständen auf unserem Körper angeordnet. Sie verschmelzen und verbinden die Astralkörper untereinander,

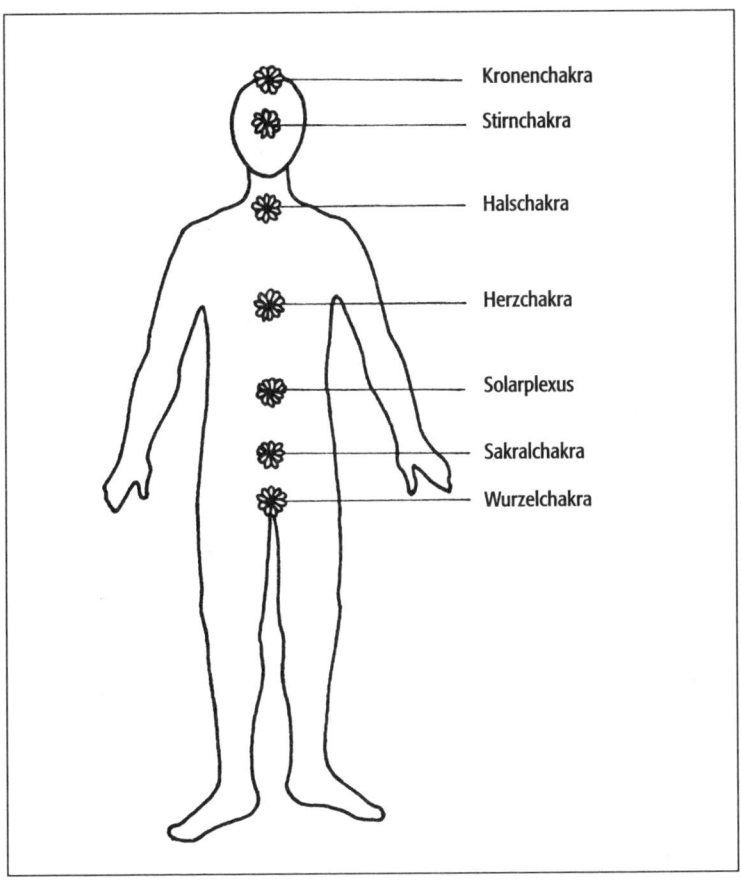

Die sieben Hauptchakren

d. h. die verschiedenen Bewusstseinsebenen, aus denen unser gesamtes Wesen besteht. Sie vereinen also die unterschiedlichen Ebenen in uns ebenso wie sie uns als physisches Wesen mit den höheren Frequenzen des Universums vereinen.

Wir wollen uns nun die sieben Hauptchakren genauer ansehen.

Das Kronenchakra
Steht in Beziehung zur Zirbeldrüse
Farbe: violett
Es öffnet uns für die Quelle unseres Seins, für das Bewusstsein des Universums und seinen Zweck.

Das Stirnchakra
Steht in Beziehung zur Hirnanhangdrüse
Farbe: indigoblau
Es steuert die Intuition, die spirituelle Einsicht und die sensitive Wahrnehmung auf intuitiver/telepathischer Ebene. Idealismus und Fantasie. Das Tor zum Scheitelchakra und dem höheren Bewusstsein.

Das Halschakra
Steht in Beziehung zur Schilddrüse
Farbe: blau
Es bildet das Zentrum der Selbstdarstellung und der Kreativität. Außerdem öffnet es uns für den spirituellen Willen im Gegensatz zum ego-bezogenen Willen. Bewusstsein für spirituelle Richtung.

Das Herzchakra
Steht in Beziehung zum Thymus und zum Immunsystem
Farbe: grün
Es steuert die Fähigkeit, über sich hinaus andere zu lieben und für sie zu sorgen sowie Mitgefühl zu empfinden – vor allem, wenn dieses Zentrum erweckt wurde. Falls dies geschieht, bevor sich niedrigere Zentren im Gleichgewicht befinden, kann dies zu körperlichen oder sexuellen Problemen führen.

Der Solarplexus
Steht in Beziehung zur Bauchspeicheldrüse
Farbe: gelb

Er ist der Sitz der Emotionen und des Nervensystems und steht mit dem Astralkörper, der Fähigkeit, als physisches Medium wirken zu können, und dem Hellsehen in Beziehung. Jede Form von Drogen, die das Bewusstsein beeinträchtigen, können dieses Zentrum schwächen.

Das Sakralchakra
Steht in Beziehung zu den Nieren
Farbe: orange
Es steuert die Fortpflanzungsorgane und die sexuelle Aktivität und beeinflusst zudem die Heilung auf Zellebene.

Das Wurzelchakra
Steht in Beziehung zu den Nebennieren
Farbe: rot
Überlebensinstinkt – »Flucht oder Kampf«-Mechanismus. Der Lebenswille, der die für das Leben notwendige physische Energie aufnimmt.

Ausgeglichenheit

Die Chakren bilden ein in sich geschlossenes System – kein Chakra wirkt für sich allein. Daher wird sich ein Problem auf einer beliebigen Ebene auch immer auf die anderen Chakren auswirken. Die Übungen ab S. 84 werden das gesamte Chakrensystem ins Gleichgewicht bringen. Das Gleichgewicht der Chakren kann durch zu starke oder zu schwache Stimulation jedes einzelnen Chakras beeinträchtigt werden. Aus diesem Grund sollten Sie auf jede noch so gut gemeinte Übung verzichten, die nur einen Einzelzustand fördert.

Jedes Chakra steht nicht nur über den ätherischen Körper mit dem Nervensystem in Verbindung, sondern darüber hinaus über das endokrine System auch mit der für seine Funktion zuständigen Drüse. So wirkt sich echte Angst ebenso wie durch Filme oder andere Mittel künstlich stimulierte Angst stark auf die Adrenalindrüsen aus, die mit dem Wurzelchakra korrespondieren. Nach einer momentan aufgetretenen Angst findet der Körper rasch und von selbst wieder in sein Gleichgewicht zurück. Kommt es jedoch längerfristig oder häufig zu Angstzuständen, gerät das Wurzelchakra aus dem Gleichgewicht und die betroffene Person wird das Gefühl haben, dass ihre Energie deutlich erschöpft ist.

Die Chakrenzentren sind überaus empfindlich für körperliche oder emotionale Schocks. Wenn Sie also einen solchen Schock erlitten haben, sollten Sie immer die Chakren mit den nachstehenden Übungen und den Übungen für die Aura (s. S. 68) wieder ins Gleichgewicht bringen. Unsere Aura spiegelt den Gleichgewichtszustand unserer Chakren wider.

Planetenchakren

Jede Lebensform besitzt eine Aura, Astralkörper und Chakren. Traditionellere Denkschulen behaupten, dass primitivere Lebensformen nur zwei Zentren besitzen, nämlich das Überlebenszentrum und das Fortpflanzungzentrum. Ich stimme mit dieser Ansicht nicht überein, sondern gehe davon aus, dass *jede* Lebensform sieben Zentren besitzt, wenn diese auch bei den einfacheren Formen weniger stark entwickelt sind.

Bauen wir auf diesem Grundgedanken auf, so müssen wir berücksichtigen, dass auch der gesamte Planet als Lebensform ein Chakrensystem, Astralkörper und eine Aura besitzt. Was bisher galt, gilt auch hier: Was der Planet erlebt, erleben auch wir, und was die Menschheit erlebt, beeinflusst auch den Planeten in seiner Gesamtheit. Selbstverständlich trifft das ebenso auf alle anderen Evolutionsformen des Planeten zu – auf das Reich der Tiere, der Vögel und der Fische, sämtliche Gemüsesorten, das Reich der Blumen und Bäume, das Mineralreich und andere. Dies bedeutet, dass jedes Reich auch für alle anderen und den Planeten in seiner Gesamtheit verantwortlich ist.

Die Menschheit identifiziert sich hauptsächlich über die drei niedrigsten Chakren, wobei sich jede Person und Nation durch die vorwiegend ego-bezogenen, possessiven Energien und Emotionen ihrer Persönlichkeit ausdrückt. Heute steht unser Planet vor der Aufgabe, diese Energie auf die Ebene des Herzchakras anzuheben, den Sitz der Liebe und Fürsorge für andere. Diese Form der Liebe ist bedingungslos und umfasst alles. Wir erreichen diesen Zustand allmählich, indem wir ein erweitertes Bewusstsein für das erlangen, was in der Welt geschieht, indem wir jene Organisationen unterstützen, die tatsächlich in Notsituationen Hilfe bieten, und auch indem wir in unserer unmittelbaren Umgebung eine fürsorglichere Gesellschaft entwickeln.

Die drei höher gelegenen Chakren – das Hals-, Stirn- und Kronenchakra – spiegeln die höheren Qualitäten des seelischen Bewusstseins wider, das sich im Lauf unseres Lebens allmählich entwickelt und erwacht. Unser Bewusstsein öffnet sich einer spirituellen Führung, die in Geist und Seele durch die Fähigkeit der Intuition zum Ausdruck kommt. Je mehr Einfluss wir daher von den höheren Bewusstseinsebenen zulassen, desto deutlicher zeigt sich unsere spirituelle Führung. Dies sollte uns nicht zu der Annahme verleiten, dass wir die niedrigeren Energien nicht benötigen. Sie sind ebenso wichtig für unsere Entwicklung als ganzheitliches Wesen – die beiden niedrigsten Energiezentren sind sogar unsere Kraftquelle, aus der alle anderen Zentren ihre Energie beziehen.

Wie erreichen wir einen Gleichgewichtszustand?

Unser Ziel ist ein Gleichgewichtszustand des gesamten Chakrensystems. Ein sich allmählich erweiterndes Bewusstsein ermöglicht es diesem System, auf der Grundlage eines größeren Verständnisses zu funktionieren. Von unserem freien Willen hängt es ab, welchen Lebenspfad wir wählen und wie wir auf diesem Lebenspfad vorankommen. Wir wollen uns daran erinnern, dass sich unsere Chakren in einem besseren Gleichgewichtszustand befinden, wenn auch wir uns ausgeglichener fühlen. Und umgekehrt: Je besser der Gleichgewichtszustand der Chakren, desto ausgeglichener fühlen wir uns.

Die nachfolgenden Übungen werden Ihnen helfen, Ihre Aura, die Chakren und die Astralkörper auszugleichen, zu entspannen und mit Energie zu laden. Es handelt sich hierbei um einfache Selbstheilungsvisualisierungen, die Sie anwenden können, so oft Sie wollen. Wenn Sie Ihre Fähigkeit zu channeln entwickeln, werden Sie erkennen, wie günstig sich die verschiedenen, in diesem Buch angeführten Übungen auswirken.

Übung: Streicheln der Aura
Bitten Sie einen Freund oder Übungspartner, Ihnen hierbei zu helfen. Legen Sie sich auf ein Bett oder den Fußboden und ersuchen Sie Ihren Partner, Ihre Aura etwa 15 bis 20 Zentimeter über dem Körper mit sanften Bewegungen vom Kopf bis zu den Füßen zu streicheln. Dies wird Ihre Aura ausgleichen, entspannen und mit neuer Energie aufladen.

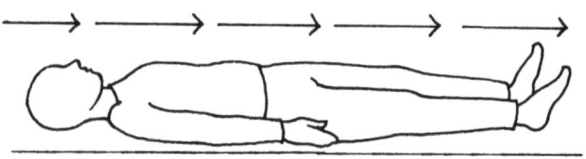

Übung: Ausgleichen und aufladen der Chakren
Stellen Sie sich aufrecht hin und nutzen Sie Ihre Gedanken und Vorstellungskraft, um während des Einatmens Energie von Ihren Füßen durch die einzelnen Chakren bis zum Scheitel und weiter über den Kopf hinaus aufsteigen zu lassen. Während des Ausatmens, sollten Sie diese Energie zu beiden Seiten Ihres Körpers abwärts gleiten lassen, bis sie wieder unter Ihren Füßen ankommt. Zur Unterstützung können Sie auch die Arme mitbewegen. Wiederholen Sie den Vorgang dreimal.

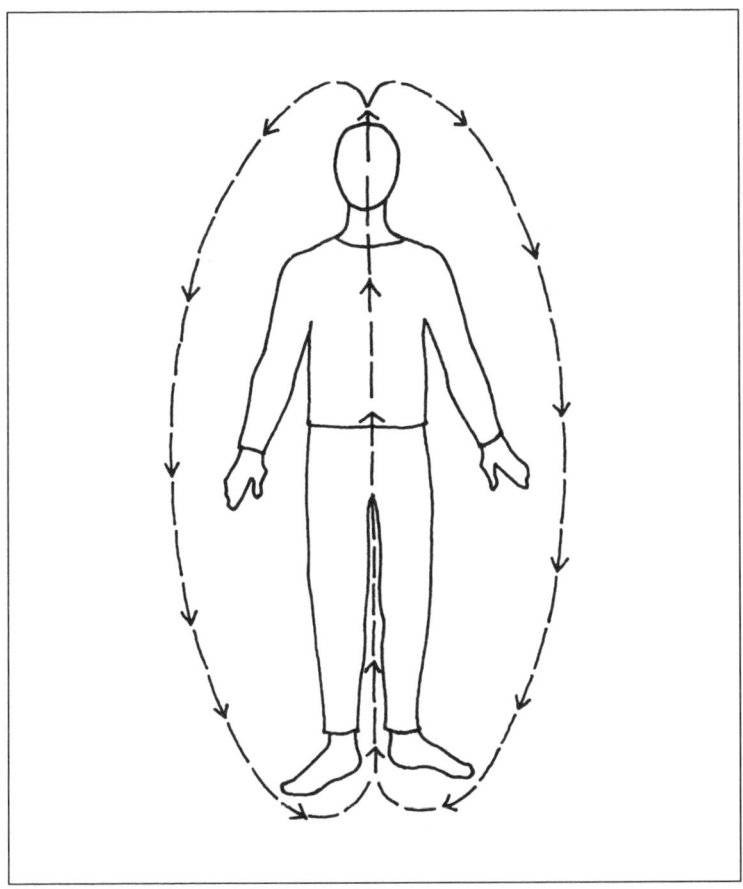

Übung: Atmen Sie durch die Chakren auf- und abwärts
Entspannen Sie sich und atmen Sie, entweder im Stehen oder im Sitzen, durch Ihre Chakren auf- und abwärts. Atmen Sie langsam und rhythmisch und fühlen Sie, wie sich die Energien in Ihrem Inneren ausgleichen und ausgewogen werden. Erweitern Sie den Gedanken bis hinunter zu den Füßen und weiter bis in die Erde hinein, anschließend nach oben bis zum Kopf und weiter in den Himmel. Diese Übung gleicht der Erdungsübung von S. 71 und heißt: Verbinden von Himmel und Erde.

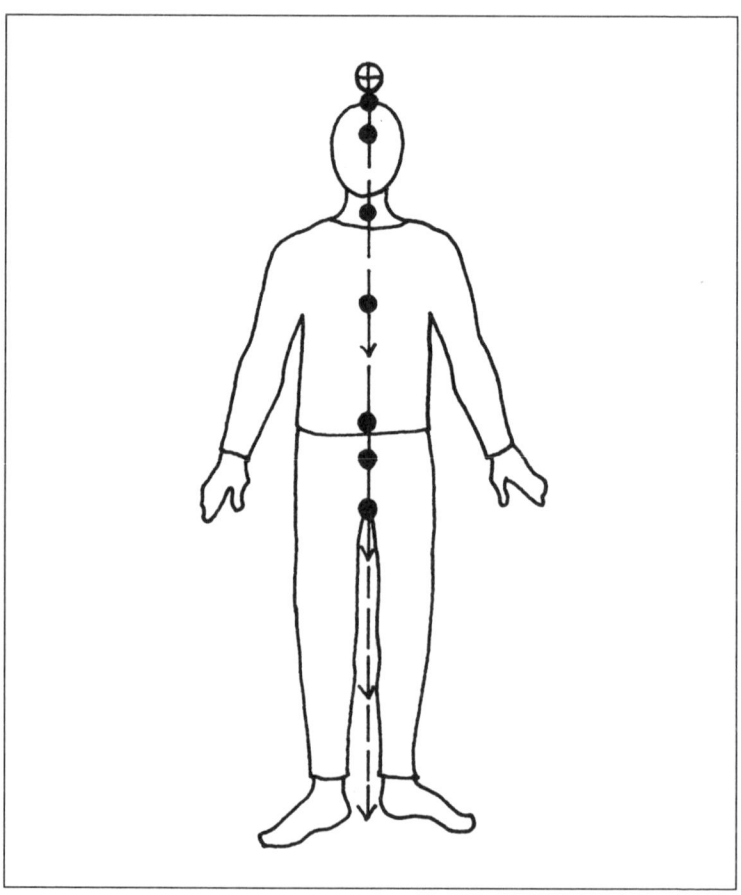

Übung: Erden und schützen
Verwenden Sie das Kreuz in dem Kreis bzw. der Kugel als eine Art Schutz (s. S. 73), und stellen Sie sich vor, dass es etwa fünf Sekunden lang auf Ihrem Kopf ruht. Lassen Sie es daraufhin wieder für etwa fünf Sekunden auf die Höhe der Augenbrauen absinken (wahlweise auf beiden Seiten des Kopfes oder nur vorne). Fahren Sie in derselben Weise abwärts fort, zur Kehle, zum Herzen, zum Solarplexus, zur Sakralregion und weiter zum unteren Ende der Wirbelsäule. Stellen Sie sich schließlich vor, das Symbol für fünf Sekunden zwischen die Füße zu nehmen (an der Innenseite der Füße befinden sich nämlich weitere untergeordnete Chakren). Dies wird Ihnen helfen, sich zu erden. Sammeln Sie sich und bauen Sie Ihre Aura auf (s. S. 68).

7 Meditation als Unterstützung für das Channeln

»*Um sich zu entwickeln, musst du dir gestatten, ganz ›du selbst‹ zu sein, du musst dich vollkommen akzeptieren. Wenn du versuchst, das Tempo zu beschleunigen, wird es sich gegen dich wenden und dein Wachstum behindern.*«

H-A

Meditation wird oft als Brücke zwischen der inneren und äußeren Wirklichkeit beschrieben oder als Brücke zur Seele. Sie lässt sich wirkungsvoll einsetzen, um das Bewusstsein zu erweitern, und bietet eine wichtige Hilfe für das Channeln.

Die meisten Menschen meditieren, ohne sich dessen bewusst zu sein, etwa wenn wir uns in einen bestimmten Gedanken vertiefen. Der Begriff »Meditation« hat für verschiedene Menschen unterschiedliche Bedeutung. Er umfasst die gesamte Bandbreite vom Konzept östlicher Mystik in tiefer Kontemplation bis zu den religiösen Praktiken der westlichen Welt.

Meditation dient vor allem dazu, den Geist zu beruhigen, das eigene Wesen aus seiner Umgebung zu entflechten, über das Ego nachzudenken, den wahren Frieden im Inneren zu finden und über das Alltagsleben hinaus in einen veränderten Bewusstseinszustand zu gelangen. Sie kann einerseits dazu führen, dass Sie Ihr Höheres Selbst finden und sich der subtileren Ebenen Ihres Wesens bewusst werden, andererseits dazu, dass Sie Ihren persönlichen Geistführer kennen lernen (s. Kap. 10).

Meditation kann Sie auch dazu befähigen, ein verstärktes Bewusstsein für Ihren Geist, Ihren Körper und Ihr Nervensystem zu entwickeln und Kontrolle über sie zu erringen, was im alltäglichen Leben oft hilfreich ist. Sie erlangen allmählich jene Form von Konzentration, die Sie benötigen, um sich in Stresssituationen oder anderen Spannungszuständen physisch, mental und emotional zu »sammeln«. Diese Form der Konzentration kann Ihnen zudem helfen, Schmerz und Angst unter Kontrolle zu halten, um in Zeiten großer Belastung und Sorge diese Symptome vorübergehend abzuwehren, indem Sie sich einer Meditationstechnik bedienen. Der Geist kann diese Atempause nutzen, um eine Reihe von Handlungsschritten an das Gehirn weiterzuleiten, mit denen sich das Problem überwinden lässt.

Meditation ist somit hilfreich, um:
– Ihre Konzentrationsfähigkeit zu stärken,
– den Zugang zu Ihrem Gedächtnis zu verbessern,
– durch Entspannungs- und Visualisierungsübungen eine stärkere Verbindung zu Ihrem Höheren Selbst herzustellen,
– Kontakt zu Ihrem persönlichen Geistführer zu schließen,
– mit dem Stress des modernen Lebens fertig zu werden,
– ein tieferes Verständnis für den Homo sapiens und seinen Platz im Universum zu erlangen,
– einen positiveren Beitrag für Ihre Mitmenschen und Ihre Umgebung zu leisten, indem Sie einen strukturierteren Zugang zu Ihrem Leben finden,
– Ihre Sensibilität für das Leben auf allen Ebenen und für die verborgenen Dimensionen des Universums zu steigern.

Ehe wir zu meditieren versuchen, wollen wir uns die unterschiedlichen Meditationsformen näher betrachten.

Reflexive Meditation

Bei diesem geistigen Vorgang, bei dem man die Augen entweder offen oder geschlossen hält, konzentriert man sich auf einen Gegenstand, ein Thema, ein Wort oder einen Gedanken und denkt darüber nach. Dies kann beispielsweise eine Blume oder ein Symbol sein, es kann aber auch ein Gedanke sein wie »Mein wahrer Geist ist erfüllt von Frieden«, ein Wort wie *Liebe* oder *Gelassenheit*, ebenso wie ein tatsächlicher oder nur in der Fantasie erlebter Spaziergang durch ein Feld, wobei man seinen Lieblingsbaum umarmt. Dies ist die einfachste und sicherste Meditationsform, da Sie die Kontrolle über Ihr Thema behalten, indem Sie über dieses nachdenken. Sie ist ideal für Menschen, die im Einflussbereich der westlichen Kultur leben, wo Denken ein *aktiver* Vorgang ist.

Rezeptive Meditation

Bei dieser Meditationsform öffnen Sie Ihren Geist, um Inspiration zu erhalten. Wenn man sie nicht sehr diszipliniert ausführt und sich keines psychischen Schutzes bedient, kann sie unter Umständen gefährlich sein, da sie der Vorbereitung zum Channeln gleicht. Sie eignet sich vorwiegend für jene, die im Einflussbereich östlicher Kulturen leben, wo Denken und spirituelle Suche eher *passiv* erfolgen.

Kreative Meditation

Hier geht die Visualisierung mit kreativer Vorstellungskraft einher. Wie zuvor konzentriert man sich auf einen Gegenstand oder ein Thema, das jedoch von der Fantasie erweitert wird. Gefühle und Emotionen dürfen in diese Meditationsform einfließen. Sie könnten zum Beispiel erleben, wie aus einem Saatkorn eine Pflanze wächst, wie ein Wassertropfen ins Meer fließt oder wie es ist, ein Tier zu sein. Diese Meditationsform ist insgesamt recht sicher.

Anrufung und Gebet

Da hierbei die Hilfe einer höheren, externen Macht angerufen wird, spricht sie eine höhere Bewusstseinsebene an. Dies ist dennoch eine sehr sichere Meditationsform, weil die höhere Quelle selbst Schutz bietet.

Übung: Ein Muster für eine reflexive Meditation
Die reflexive Meditation, für die ich nachfolgend ein Muster vorschlage, ist für Anfänger vermutlich die beste Wahl. Wenn Sie wollen, können Sie die Augen während der Meditation offen halten. Allerdings sollten Sie sie von Zeit zu Zeit einige Augenblicke lang ausruhen und entspannen.

Vorbereitung
Wählen Sie eine angenehme Haltung, beispielsweise aufrecht sitzend, wobei Sie die Hände mit den Handflächen nach oben gerichtet auf die Knie legen, oder den Lotussitz. Atmen Sie vollständig aus und danach mehrmals tief ein, wobei Sie bewusst darauf achten sollten, auch wirklich tief zu atmen. Beim Einatmen sollten Sie zuerst den Bauchbereich weiten und dann den Brustkorb. Beim Ausatmen sollten Sie wiederum zunächst den Bauch einziehen und anschließend die Rippen entspannen. Wiederholen Sie diese Atemübung mehrmals. Atmen Sie anschließend entspannt in einem für Sie angenehmen Rhythmus, jedoch etwas tiefer als normal.

Körperbewusstsein
Um sich von sämtlichen körperlichen Spannungen zu befreien, sollten Sie zunächst eine Übung für das Körperbewusstsein, besser gesagt die körperliche Entspannung machen, wie etwa jene von S. 62. Sorgen Sie dafür, dass Ihre Aura im Gleichgewicht ist und Sie konzentriert sind.

Visualisieren
Stellen Sie sich einen bestimmten Gegenstand vor, etwa eine Rose, oder legen Sie eine vor sich. Betrachten Sie ihre Form, ihre Farbe und Textur, nehmen Sie ihren Duft wahr (sofern sie duftet) und fühlen Sie ihre Ausstrahlung.

Erkennen
Halten Sie das Bild fest, genießen und bewundern Sie seine Schönheit. Denken Sie über die einzigartigen Eigenschaften der Rose nach – die Blätter, den Stiel, der sie stützt, und die Wurzeln, die sie nähren. Fühlen Sie nun die Sonne, denken Sie über sie nach und erkennen Sie sie als Symbol für inneres Wachstum, Entfaltung und Erweiterung.

Nachdenken
Denken Sie über die Beziehung nach, die zwischen Ihnen und der Rose herrscht – wie sie von einem Steckling zu einer prachtvollen Pflanze mit eigenen Wurzeln heranwächst. Denken Sie über Ihr eigenes *inneres* Wachstum nach, Ihr Bedürfnis, im Leben gut verwurzelt zu sein, und Ihr Potenzial, sich zu voller Blüte zu entfalten.

Erkennen
Erkennen sie, dass sich *Ihre* Seele ebenso entfalten und Erfüllung finden kann wie der Geist der Rose.

Abschluss
Beenden Sie die Meditation, indem Sie sich erden und sich Ihre normale physische Existenz erneut bewusst machen.

Einige Verhaltensmaßnahmen

Meditation ist eine Übung, daher ist es wichtig, sie als solche anzusehen und sie regelmäßig zu praktizieren. Gleichzeitig stellt sie eine Hilfe zum Channeln dar, die einigen Menschen mehr behagt als anderen. Sie ist jedoch kein Muss. Vor allem für Yin-sensitive Menschen – also besonders einfühlsame Personen – ist Meditation oft nicht einfach. Denn sobald Sie sich entspannen, fühlen Sie sich verleitet »abzuschweifen«, weswegen es ihnen häufig schwer fällt, innerhalb der Grenzen einer bestimmten Meditation zu bleiben. Meiden Sie in einem solchen Fall Meditationsformen, bei denen Sie keine geistige Kontrolle haben. Wir leben in einer Gesellschaft, in der spirituelles Streben vorwiegend aktiv erfolgt. Wenn wir also als westliche Menschen bestimmte östliche Meditationsformen praktizieren, wie gut und gültig diese auch innerhalb ihres Kontextes und ihrer Umgebung sein mögen, könnte dies psychisch sensitiven Menschen Schwierigkeiten bereiten, weil sie rasch das Gefühl bekommen, die Kontrolle zu verlieren und »spaced out« (orientierungslos) zu sein. Daher sollten Menschen mit dieser Veranlagung Meditationen meiden, die eine unkontrollierte Bewusstseinsöffnung erfordern oder wiederholende Affirmationen oder Mantras enthalten. Bei diesen Meditationstypen erfolgt eine aurische Kontrolle, die Sie verletzlich macht. Mitunter sollten Sie gänzlich auf Meditation verzichten oder nur mit einer erfahrenen Person meditieren, die helfend eingreifen kann, wenn Sie sich danach orientierungslos oder nicht geerdet fühlen. Einige weitere nützliche Richtlinien:

- Falls Sie Anfänger sind, sollten Sie nicht zu lange meditieren. 15 bis 20 Minuten sind mehr als genug. Für die meisten Menschen ist der Morgen die beste Zeit zum Meditieren. Stehen Sie einfach etwas früher auf!

- Meditieren Sie nicht mit vollem Magen – Sie könnten leicht einschlafen.
- Verwenden Sie nie ein Mantra oder eine Affirmation, die Sie nicht verstehen. Sie könnten die Kontrolle verlieren.
- Meiden Sie Meditationsformen, die Ihnen eine Erweiterung Ihres Egos oder die Erfüllung unrealistischer Ziele versprechen.
- Und zu guter Letzt: Vergessen Sie nie die goldene Regel, die für jede Form von Persönlichkeitsentwicklung und sensitiver Entwicklung gilt: *Behalten Sie immer die Kontrolle über das, was Sie tun. Es ist Ihr Leben, und Sie sind für sich selbst verantwortlich.*

Weitere Methoden zur Steigerung der Sensitivität

»Oft ist es eine große Hilfe, in der freien Natur zu sein, wenn du deine sensitiven, rezeptiven Fähigkeiten entwickelst.« Dieser Satz stammt aus einer Durchgabe von H-A, die unter dem Titel *Die verschiedenen Formen der Evolution* stand. Wie ich bereits erwähnte, wirkt sich eine Bewusstseinserweiterung auf einer Ebene auch auf die anderen Ebenen aus und macht diese ebenfalls empfänglicher. Wir sind nicht in Verstand, Emotionen, Körper und Geist aufgeteilt, als wären dies vier unabhängige Teile einer Maschine. Wir sind *ganzheitliche* Wesen, daher beeinflusst jede unserer vielen Ebenen auch sämtliche anderen Ebenen.

Wenn wir daher das Channeln erlernen und dafür unsere Sensitivität entwickeln wollen, sollten wir in erster Linie Übungen wählen, die uns für die Welt der Natur um uns empfänglicher machen. Normalerweise stehen wir durch unsere fünf Sinne – Sehen, Hören, Schmecken, Tasten und Riechen – mit der Welt der Natur in Verbindung. Selbstverständlich ist es fantastisch, durch das Gras zu schreiten, uns an einen Baum zu lehnen oder in einem See zu schwimmen. Wir können dies alles jedoch auch erleben, ohne auch nur einen Schritt aus dem Haus zu tun!

Ätherische Sinne
Eine wertvolle Übung auf dem Weg zur Entwicklung unseres sechsten Sinns stellt die Erweiterung unserer inneren fünf Sinne dar. Dazu können Sie die kreative Meditation verwenden und sich eine innere Reise vorstellen, wobei Sie möglichst viele innere ätherische Sinne üben sollten.

Die Elemente
Als Teil des Planeten Erde, eines fruchtbaren Globus, der grundsätzlich aus den vier Elementen Erde, Luft, Wasser und Feuer aufgebaut ist, bestehen auch wir aus Erde, Luft, Wasser und Feuer. Jedes dieser Elemente besitzt eine Lebenskraft, wobei es eine wertvolle und gesundheitsfördernde Erfahrung ist, von Zeit zu Zeit mit jedem einzelnen von ihnen eine innere Verbindung herzustellen und damit anzuerkennen, welche Rolle sie in unserem Körper und unserer Psyche spielen. Die nun folgende Meditationsform vereint all diese Aspekte.

Übung: Visualisierung der Elemente Erde, Luft, Wasser und Feuer, außerhalb und im Inneren
Falls Ihnen das Visualisieren schwer fällt, können Sie auch einfach den Duft, in welcher Form auch immer, wahrnehmen.

Vorbereitung
Bereiten Sie sich wie bei der vorigen Meditationsübung (s. S. 91) mit Tiefenatmung, Körperbewusstsein und Entspannung vor. Konzentrieren Sie sich, gleichen Sie Ihre Aura aus und lächeln Sie in sich hinein (das hilft, um den Körper noch mehr zu entspannen).

Meditation
Stellen Sie sich ein Gatter vor, das zu einer Wiese führt ... öffnen Sie es und gehen Sie barfuß in die Mitte der Wiese ... werden Sie

sich durch Ihre inneren Sinne der Farben bewusst, die Sie umgeben – das Grün des Grases, der blaue Himmel ... hören Sie das Vogelgezwitscher, vielleicht auch die Stille ... riechen Sie das Gras ... fühlen Sie die feste Erde unter den Füßen, die Ihren Körper mit dem physischen Wesen des Planeten Erde verbindet.

Saugen Sie die klare Luft tief in Ihre Lungen, fühlen Sie die Verbindung zur Natur ... staunen Sie über die Unendlichkeit über Ihnen, werden Sie sich der unendlichen Möglichkeiten Ihres eigenen Geistes und Ihrer Vorstellungskraft bewusst, die sich auf alles konzentrieren kann, was auch immer Sie wollen.

Gehen Sie bis zum Rand der Wiese, wo Sie einen Fluss hören und sehen, dessen klares, reines Wasser sprudelnd über die Steine fließt, während es von seiner Quelle in den Hügeln herabströmt. Steigen Sie in den Fluss und fühlen Sie, wie das Wasser Ihre Knöchel umspült ... staunen Sie über seine Anpassungsfähigkeit, wenn es auf ein Hindernis trifft ... denken Sie an jedes Gefühl oder Thema, das Sie gerne aus Ihrer inneren Welt entfernen oder auflösen wollen ... rufen Sie eines nach dem anderen auf, lassen Sie es durch den Körper in die Füße strömen und mit dem Fluss davonschwimmen, bis es sich auflöst und weggeschwemmt wird ... atmen Sie es aus.

Denken Sie einen Augenblick lang über die Weisheit des Wassers nach, das die Fähigkeit besitzt, das Wesen und die Qualität eines jeden Gegenstands zu akzeptieren, auf den es trifft ... Sind auch Sie imstande, Ihr eigenes Wesen zu akzeptieren, Ihr Licht und Ihren Schatten? ... Sind Sie imstande, das Wesen anderer zu akzeptieren, deren Licht und Schatten?

Steigen Sie aus dem Wasser und legen Sie sich auf dem Gras in die Sonne ... fühlen Sie Ihre Wärme, während sie Ihr gesamtes Wesen durchdringt, und nehmen Sie ihre heilsame Energie auf ... denken Sie einen Augenblick lang über Feuer nach, über seine Macht, Dinge zu verändern und auch zu zerstören, wenn es nicht unter Kontrolle gehalten und richtig eingesetzt wird ... Sind Sie imstande, das Feuer in Ihrem Inneren weise einzusetzen?

Kehren Sie nun in die Mitte der Wiese zurück und erinnern Sie sich an Ihre Beziehungen zu Erde, Luft, Wasser und Feuer ... gehen Sie zum Gatter, schreiten Sie hindurch und schließen Sie es hinter sich.

Abschluss
Kehren Sie allmählich an den Ort zurück, wo Sie sitzen oder liegen. Konzentrieren Sie sich darauf, wieder in Ihren Körper zurückzufinden. Verwenden Sie dazu die Übung mit der Kameralinse oder eine andere Erdungsübung aus Kapitel 4. Nun sollten Sie sich innerhalb Ihres Aurenfeldes wieder zentriert fühlen.

8 Psychischer Schutz während des Channelns und Vorbereitung auf das Channeln

»*Der Unterschied zwischen Gut und Böse liegt in der Absicht.*«

H-A

Dies ist ein besonders wichtiges Kapitel, das Sie aufmerksam lesen und durcharbeiten sollten. Es wird immer Menschen geben, die glauben, dass es überflüssig ist, sich zu schützen, sofern man einer höheren Gottheit vertraut. Aus meiner Praxis weiß ich, wie viele Menschen schmerzlich erfahren mussten, dass wir in einem Zeitalter leben, in dem die Eigenverantwortung des Einzelnen auch im spirituellen Bereich notwendig ist.

Wir müssen uns bewusst sein, dass es sowohl negative als auch positive Aspekte der Energie gibt, und wir müssen lernen, die negativen Aspekte, die uns beeinflussen und bisweilen sogar kontrollieren, zu erkennen und mit ihnen umzugehen. Wir müssen immer die Kontrolle über unsere eigene Psyche bewahren. In diesem Kapitel erläutere ich einige grundlegende Schutzmethoden, die Sie auch zu Hause anwenden können, um mit jenen Situationen, die wahrscheinlich auf sie zukommen, gut fertig zu werden. Setzen Sie sich jedoch nie mit Dingen auseinander, von denen Sie in Ihrem Inneren wissen, dass sie Ihre Fähigkeiten übersteigen. Wann immer Sie Zweifel haben, sollten Sie Hilfe und Rat suchen. Ich habe in dieses Kapitel einige Übungen aufgenommen und erachte es als überaus wichtig, dass Sie, bevor Sie mit dem Channeln beginnen, nur jene ausführen, bei denen Sie sich wohl fühlen.

Die psychologischen Auswirkungen

Wenn Sie psychische Probleme haben, kommen dadurch diverse Probleme auf einer psychologisch/emotionalen Ebene zum Ausdruck, weil jede Ebene unseres Wesens sämtliche anderen widerspiegelt. Wie ich bereits erklärt habe, sind wir ganzheitliche Wesen.

Einen Schutzmechanismus anzuwenden ist nicht so einfach, wie es klingt, denn es erfordert persönliche Verantwortung. Zum Beispiel muss ich immer wieder Patienten von negativen Einflüssen befreien. Es ist eine Sache, eine Person oder einen Ort von negativen Energien zu reinigen, jedoch eine gänzlich andere, diese Person zu befähigen, sich von dem Verlangen nach dieser Erfahrung zu trennen. Wenn Sie nicht wirklich starke, eindeutige Grenzen auf allen Ebenen setzen können, wie zum Beispiel auf der physischen, emotionalen, mentalen, psychischen und spirituellen Ebene, werden Sie diese negativen Energien immer wieder auf sich ziehen.

In unserem komplexen Leben geschieht es nur allzu leicht, dass wir in eine mentale oder emotionale Sackgasse geraten und in ihr feststecken. Dieses Feststecken in negativer Energie zieht auch auf allen anderen Ebenen negative Energien an – auch auf der sensitiven Ebene. Manchmal stecken wir fest, weil uns jeder Schritt vorwärts riskant erscheint. Wir müssen jedoch gerade jene Blockaden oder Aspekte unseres Lebens überwinden, die wir aus Bequemlichkeit schon so lange ignorieren. Wenn wir uns zum Beispiel einer Angst stellen, befreien wir uns dadurch von gegenwärtigen und vergangenen ungelösten Problemen, wachsen über das negative Erlebnis hinaus und können einen Schritt vorwärts setzen.

»**Wie können wir mit Angst umgehen, ohne fürchten zu müssen, dass wir unsere Angst nur unterdrücken?**

»Indem wir sie bewusst annehmen. Es ist wie mit dem Ungeheuer aus einem Märchen; solange man es ignoriert oder einsperrt, wütet und brüllt es und versucht, die Wände niederzureißen. Wenn wir ihm jedoch gestatten, aus seinem Gefängnis hervorzukommen, ihm Liebe und Verständnis schenken und es bewusst annehmen, erwirbt das Ungeheuer die Fähigkeit, sich zu verändern und sich in ein verständnisvolles Wesen zu wandeln. Um eine Angst zu bezähmen und sie zu transformieren, müssen wir die Tür weit aufstoßen, die Angst absorbieren, sie annehmen und ihr mehr Liebe schenken als jedem anderen Aspekt unseres Wesens. Dann wird sie sich auch verwandeln.

Angst kann ein guter Lehrmeister sein. Sie kann dir vor Augen halten, dass du Veränderungen herbeiführen, eine andere Richtung einschlagen musst. Wenn du mit dem ›Ungeheuer‹ sprichst, also einen Dialog mit der Angst zulässt, schaffst du die Möglichkeit, dass sich die Angst durch Einsicht und Kreativität auflöst. Ich würde sogar sagen, dass Angst nicht nur das Gegenteil von Liebe ist, sondern auch das direkte Gegenteil von Kreativität. Sie bewirkt, dass nichts wächst und sich nichts bewegt. Sie führt zu Stillstand, wogegen sich Kreativität in Bewegung und Wachstum ausdrückt. Wenn du vor etwas Angst hast und dieser Angst gestattest, mit dir in diesem Augenblick zu sprechen, könnte sie dir einen Bereich aufzeigen, indem du kreativer werden könntest, in dem du einen wichtigen kreativen Aspekt deines Lebens freisetzen könntest.*)

Daher solltet ihr die Tür weit aufstoßen, meine Freunde, und die Angst annehmen. Betrachtet die andere Seite des Spiegels – betrachtet das Spiegelbild dieser Angst.«

H-A (Gilly)

*) *Dies bezieht sich auf einen Dialog zwischen dem Individuum und einigen Aspekten des eigenen Wesens (Fritz Perls, Grundlagen der Gestalt-Therapie, Einführung und Sitzungsprotokolle, Klett-Cotta).*

Verschiedene Schutzmechanismen

Gebet

Ein Gebet ist eine Bitte um Hilfe, die eine der Bitte entsprechende Ebene erreicht. Wenn ich beispielsweise darum bete, im Lotto zu gewinnen, wird meine Bitte von einer anderen Ebene beantwortet, als wenn ich um Schutz vor einer meiner Ansicht nach negativen oder unerwünschten Energie bete. Ich bin überzeugt, dass alle Gebete erhört werden, wenn auch in einer Weise, die von einem gesamtheitlichen spirituellen Blickwinkel aus am besten erscheint. (Vermutlich habe ich aus diesem Grund noch nicht im Lotto gewonnen!)

Wenn wir also beten, bitten wir nicht nur eine höhere Quelle um Hilfe, sondern wir öffnen uns auch, so dass wir erkennen, was wir in unserem Inneren in Angriff nehmen müssen. Damit überwinden wir oft eine bedeutende erste Hürde. Ich rate Ihnen, das Gebet möglichst einfach und direkt zu halten, und genau um jene Hilfe zu bitten, die Sie benötigen.

Wie Sie negative Energien auffordern, Sie zu verlassen

Vor vielen Jahren hatte ich eine Patientin, die glaubte, alles versucht zu haben, um eine negative Energie loszuwerden, jedoch ohne Erfolg. Ich merkte schnell, dass es ihr schwer fiel, zu einer echten positiven Einstellung zu gelangen und ihre Absichten klar auszudrücken. Sie benötigte offensichtlich eine Ausdrucksform, die eindeutig war und von ihren Gefühlen und ihren Emotionen getragen wurde. Als ich schon glaubte, alles versucht zu haben, schlug ich ihr in meiner Verzweiflung vor: »Sagen Sie ihr doch einfach, dass sie sich *verpissen* soll!«

Zu meiner Verwunderung reagierte die Patientin überaus

positiv. Sie begann zu lächeln und wiederholte die Worte mehrmals mit großer Leidenschaftlichkeit und Selbstsicherheit. Als ich sie das nächste Mal traf, erklärte sie: »Es hat funktioniert! Ich habe kein Problem mehr damit!« Was ihr mit einer sanften Vorgehensweise nicht gelungen war, erreichte sie mit der Gewalt dieses bestimmten Ausdrucks, der ihr plötzlich die nötige Kraft verlieh.

Ich glaube, wir haben das *Recht*, jedem unnötigen oder unerwünschten Einfluss zu sagen, dass er verschwinden soll. Dies muss keineswegs mit Rachegedanken geschehen, sondern in der Erkenntnis der eigenen göttlichen Quelle und Wahl.

»Was ist negative Energie?
Alles im Universum existiert als Gegensatz. Energie ist Energie und existiert im gesamten Universum in verschiedenen Frequenzen und Schwingungen. Ebenso wie die elektrische Energie lässt sich auch diese kosmische universale Energie auf positive und negative Weise nutzen. Wenn ich also von negativer Energie spreche, beziehe ich mich auf den Schatten, der das universale Gegenteil von Licht ist. Im Lauf eures Lebens könnt ihr aus zwei Möglichkeiten wählen: Ihr könnt euch dem Licht zuwenden oder dem Schatten. Eure Wahl spiegelt eure Bedürfnisse und euer Verständnis in diesem Augenblick wider.

Angst ist jene vorrangige menschliche Emotion, die den Schatten anzieht. Diese Angst kann aus Schuldgefühl entstanden sein, aus der Sehnsucht nach persönlicher Macht oder aus dem begrenzten Konzept von Verbrechen und Bestrafung, das ihr auf eurem Planeten kennt. Ihr müsst jedoch unbedingt begreifen, dass sich der Planet über den Gedanken von Auge um Auge und Zahn um Zahn hinaus entwickelt und sich der christlichen Lehre des Verzeihens annähert. Verzeihen bedeutet in seiner reinsten Form, fähig zu sein, über das Bedürfnis nach Strafe hinauszugehen, denn Strafe ist der Gegenpol zu Verbrechen.

Je härter die Strafe, desto größer das Verbrechen – beachtet bitte die Reihenfolge, in der ich diese beiden Sätze ausgesprochen habe. Ich begreife, dass ihr auf diesem Planeten die Aktivitäten der Gesellschaft regeln müsst, und dies bedeutet, dass es Richtlinien, Gesetze und Verfassungen gibt; werden sie jedoch zu streng, bringen sie Chaos hervor. Deshalb blicke ich in eine Zukunft, in der wir statt der Frage: ›Wie können wir diese Menschen strafen oder einsperren?‹ die Frage stellen werden: ›Was hat diesen Menschen veranlasst, so zu handeln? Wie können wir ihm hel-

fen, seine Haltung zu ändern, damit er nicht mehr so handeln muss?‹ Selbstverständlich weiß ich, dass es auch einige geben wird, die nicht bereit sind zuzuhören, dennoch muss ich mit allem Nachdruck betonen, wie wichtig es ist, sich dem Verzeihen und dem Verständnis anzunähern und in konstruktiver Weise Hilfe anzubieten.

Wenn ihr ein Verbrechen begeht, erwartet ihr, bestraft zu werden. Und in dieser Strafe liegt der Samen eines weiteren Verbrechens. Wenn ihr dagegenhaltet, dass Strafe abschreckend wirkt, dann nur durch Angst, und damit seid ihr erneut am Ausgangspunkt, denn Angst zieht wiederum Schatten an.«

H-A

Mantra

Wenn Sie ein Mantra verwenden, einen Satz, den Sie stets wiederholen, sollten Sie ihn möglichst einfach halten. Sagen Sie etwas wie: »Ich bin ein Kind Gottes und wünsche, in Ruhe gelassen zu werden.« Üblicherweise erreichen Sie damit, was Sie beabsichtigen.

Farbe

Farben sind grundsätzlich etwas völlig Individuelles. Im Allgemeinen gibt es jedoch bestimmte Farben, welche die meisten Menschen als schützend empfinden. Wenn Sie das Bedürfnis nach Schutz verspüren, sollten Sie sich einfach vorstellen, von einer Lichtblase umschlossen zu sein, die eine oder mehrere der folgenden Farben aufweist: Weiß, Gold und Blau. Wählen Sie die Größe der Blase so, dass sie zumindest 20 bis 50 Zentimeter über Ihren Kopf und Ihre Füße hinausgeht.

Weiß beinhaltet alle Farben des Spektrums. Es ist eine sehr vollkommene Farbe, die wir allgemein mit Reinheit und Sauberkeit in Verbindung setzen. Blau assoziieren wir mit dem schützenden Weiblichen. Darüber hinaus symbolisiert es die spirituelle Liebe und spiegelt das Yin-Prinzip wider. Gold repräsentiert die Sonne und ist eine überaus positive starke Energie, die besonders im Umgang mit störenden Kräften hilfreich sein kann. Es spiegelt das Yang-Prinzip wider, und wenn Sie sich vorstellen, von einer goldenen Kugel umschlossen zu sein, ist dies eine überaus bestimmte und sichere Schutzform, weil sämtliche auf sie gerichteten negativen Gedanken oder Energien unmittelbar reflektiert werden. Probieren Sie die einzelnen Farben nacheinander aus, bis Sie jene finden, bei der Sie sich am wohlsten fühlen.

Farbe kann in Kombination mit einem Gebet oder einem Mantra angewendet werden, indem Sie sich einfach mit dieser Farbe umgeben, ehe Sie das Gebet oder Mantra sprechen. Sowohl die Übung mit einer Farbe als auch ein Gebet können als Einstimmung auf das Channeln verwendet werden.

Symbole

Seit Anbeginn der Zeit wurden Symbole als Schutzmittel verwendet. Sie waren und sind nach außen gerichtet, damit die Menschen sie sehen. An der Schwelle zum Zeitalter des Geistes lernen wir, sie auch nach innen zu verwenden.

Symbole sind imstande, unsere Stimmung zu beeinflussen. Sie beruhigen uns oder regen uns auf, verbreiten Gelassenheit oder schaffen Angst, machen uns etwa glücklich oder traurig. Heute zeigt sich dies besonders in der Kraft der Werbung, wo symbolische Abbildungen verwendet werden, um die Attraktivität eines Produktes zu steigern – wie etwa die Stärke eines Löwen, die sich in einem Peugeot-Wagen wiederfindet, oder ein Regenschirm als Zeichen für Schutz, wie es die Versicherungsgesellschaft Legal and General Insurance und die Abbey-National-Bank für sich nutzen.

Wird ein Symbol als Schutz verwendet, repräsentiert es eine anerkannte Verständnisebene, welche eine kollektive Energie beinhaltet, die überaus kraftvoll sein kann. Im Christentum wurde das Kreuz zu einem anerkannten Symbol spiritueller Energie, das die Macht besitzt, das Böse abzuwehren. Wenn Sie ein Symbol für Ihren persönlichen Schutz verwenden wollen, ist es wichtig, eines zu wählen, mit dem Sie sich wirklich wohl fühlen.

Paul Diel, der Autor des Buches *Le symbolisme dans la mythologie grecque* betrachtet das Symbol als »präzises, kristallisiertes Ausdrucksmittel«. Es befähigt uns daher, verschiedene Vorstellungen von dem Schutz, den wir benötigen, in einer symbolisierten Abbildung zu konzentrieren. Das ist die Stärke eines Symbols. Seine Schwäche liegt in seiner Starrheit.

Es gibt drei Grundsymbole:

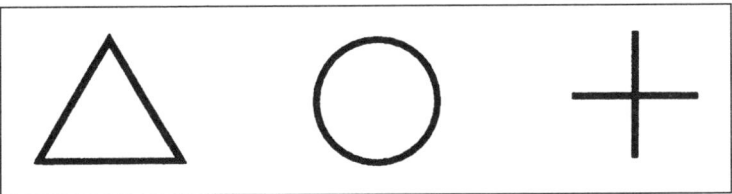

Die meisten Symbole stellen Kombinationen aus diesen drei Grundformen dar. Nachfolgend finden Sie einige Beispiele, über die Sie meditieren können. Jedes Symbol besitzt eigene Fähigkeiten und beinhaltet demnach auch jeweils etwas andere Schutzaspekte. Da sie auf subtilen Ebenen funktionieren, sollten Sie mit ihnen experimentieren, um herauszufinden, wie Sie auf die einzelnen Symbole reagieren.

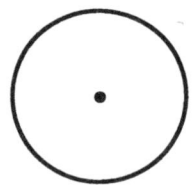 Das Zentrum der Unendlichkeit; Ausstrahlung oder Ursache. Hilfreich, um sich zu erden.

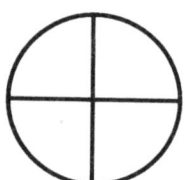 Ein überaus mächtiges Symbol. Es verkörpert den Planeten Erde sowie die vier Elemente Luft, Feuer, Erde und Wasser. Sehr wirkungsvoll als persönlicher Schutz oder Schutz für andere. Platzieren Sie sich gedanklich in der Mitte des Kreuzes und stellen Sie es sich als mehrdimensionales Gebilde innerhalb einer goldenen Kugel vor. Im Geist können Sie nun die Größe des Kreuzes und der Kugel beispielsweise so anpassen, dass sie Ihre eigene Person umfassen, Sie gemeinsam mit anderen Personen, den Raum, in dem Sie arbeiten, den Wagen, den Sie fahren, oder das Haus, in dem Sie leben. Ein zusätzlicher Vorteil dieses Symbols besteht darin, dass es Sie gegen böswillige Gedanken und negative Energien schützt, die von der goldenen Kugel direkt auf ihren Ursprung zurückgeworfen werden. Sehr empfehlenswert.

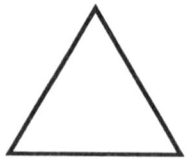 Eine sichere, starre Form, die Sie als allgemeinen Schutz für sich und Ihre Familie verwenden können. Dieses Zeichen findet sich auch häufig auf Straßenschildern.

 Davidstern (oder Siegel des Salomon). Dieses Symbol steht für die Verbindung von Bewusstem und Unbewusstem, von herabsteigendem Himmel und aufsteigender Erde. Es ist ein ausgezeichnetes Symbol, um sich auszugleichen. Der Stern symbolisiert zudem die Kräfte des Geistes, die gegen die Mächte der Dunkelheit ankämpfen.

 Das Pentagramm oder der fünfzackige Stern greift hinauf in die höheren Sphären. Seit den Zeiten des antiken Ägyptens verkörpert er »das Aufsteigen zum Ursprung«. (Die obere Spitze muss vertikal sein.)

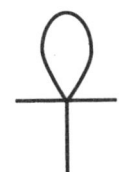 Ankh, das Symbol der Muttergöttin Isis, repräsentiert die Macht des Geistes über die Materie sowie bedingungslose Liebe. Ein sehr persönliches Schutzsymbol.

 Das Yin-Yang-Symbol ist chinesischen Ursprungs. Es stellt das Ein- und Ausströmen von Energie dar, wobei jede Seite den Samen des Gegenstücks in sich trägt. Yang steht für die männlichen Energien, Yin für die weiblichen. Licht und Schatten.

Die angeführten Beispiele sollten aufgrund ihrer Eigenschaften den Großteil dessen abdecken, was Sie im Bereich des psychischen Schutzes benötigen. Sie dürfen jedoch nie vergessen, dass Sie das von Ihnen gewählte Schutzsymbol vor dem Channeln anwenden müssen.

Übung: Schützen Sie Ihren Partner

Vorbereitung
Setzen Sie sich einander gegenüber. A ist der Beschützer, B ist der Empfänger. Sorgen Sie mit Hilfe der Körperentspannungsübungen von S. 62 dafür, dass Sie völlig entspannt sind. Sammeln Sie sich und stellen Sie sich aufeinander ein. A sollte visualisieren, dass Sie beide sich in einer Lichtblase befinden.

1. A sollte nun aus den drei Schutzfarben Weiß, Blau und Gold eine wählen, sie visualisieren und auf B übertragen, indem er seinen Partner mit dieser Farbe einhüllt. Halten Sie das Bild etwa 15 Sekunden aufrecht, entspannen Sie sich danach, und sammeln Sie sich nochmals. Wiederholen Sie den Vorgang mit der zweiten und schließlich mit der dritten Farbe.
2. Teilen Sie Ihrem Partner mit, was Sie empfunden haben. Wie unterschieden sich die drei Farben? Welche war am leichtesten zu übertragen?
3. Wiederholen Sie den Prozess, wobei nun B der Beschützer und A der Empfänger ist.
4. Besprechen Sie erneut Ihre Erkenntnisse.
5. Nun wählt A aus den drei Grundsymbolen Kreis, gleichschenkeliges Kreuz und Dreieck eines aus und projiziert das Bild entweder um B herum oder auf seinen Kopf. Halten Sie das Bild etwa 15 Sekunden aufrecht, entspannen Sie sich danach und sammeln Sie sich nochmals. Wiederholen Sie den Vorgang mit dem zweiten und schließlich mit dem dritten Symbol.
6. Teilen Sie Ihrem Partner mit, was Sie bei jedem einzelnen Symbol empfunden haben.
7. Wiederholen Sie den Prozess, wobei nun B der Beschützer und A der Empfänger ist, und besprechen Sie erneut Ihre Erkenntnisse.

Sprechen Sie die Aufforderung aus, sich zu erkennen zu geben

Was machen Sie, wenn Sie während der Entspannungs- und Vorbereitungsphase auf das Channeln einen externen Einfluss fühlen, den Sie nicht identifizieren können? Die Antwort lautet: Fordern Sie ihn auf, sich zu erkennen zu geben. Dies bedeutet, dass Sie den Geist bitten, sich durch seinen Namen, sein Licht, seine Farbe oder sein Symbol zu identifizieren. Jesus sagte: »Prüft die Geister, ob sie von Gott sind«, denn er wusste, dass es sowohl unter den inkarnierten wie unter den nicht inkarnierten Wesen Täuschung und Betrug gibt. Außerdem wusste er, dass die Aufforderung, sich zu erkennen zu geben, eine Antwort hervorruft. Deshalb halte ich es für meine Pflicht, *jede* Energie, die mich umgibt – und selbst H-A –, aufzufordern, sich zu erkennen zu geben. Wie tut man dies?

Wenn wir diese Aufforderung aussprechen, rufen wir dabei im Allgemeinen die Energie einer höheren Macht an. Dazu visualisieren Sie das von Ihnen gewählte Symbol und sagen etwa: »Im Namen (des Vaters, der Muttergottes oder einer anderen Gottheit, die Ihnen mächtig erscheint), zeige mir dein Licht!« Wenn es sich um einen Geist oder eine Energie handelt, die mir bekannt ist, verwende ich das Kreuz in der goldenen Kugel und spreche die Worte: »Wenn du der bist, der du behauptest zu sein, dann zeige mir dein Licht!« Das heißt: Gib dich zu erkennen!

Sobald Sie diese Aufforderung ausgesprochen haben, müssen Sie aufnahmebereit sein, um den Namen, das Licht, die Farbe oder das Symbol zu empfangen, das in Ihrem Kopf erscheint oder das Sie in Ihrem Inneren sehen oder fühlen. Üblicherweise erhalten Sie augenblicklich eine Antwort, so dass Sie keinesfalls lange warten müssen. Sollten Sie keine oder nur eine nicht zufrieden stellende Antwort erhalten, dann sprechen Sie Ihre Aufforderung insgesamt dreimal aus, wie es dem Gesetz der drei

Anfragen entspricht. Dies ist ein mächtiges, allgemein gültiges Gesetz, das die Anfrage an eine jeweils tiefere Ebene stellt. Ein wohlgesinnter Geist wird Ihnen die Aufforderung, sich zu identifizieren, nicht übel nehmen. Ein nicht wohlgesinnter Geist wird verschwinden.

Betrachten Sie nun dieselbe Situation im physischen Leben. Wenn ein Fremder vor Ihrer Haustür steht, werden Sie ihn auch erst einlassen, wenn er sich Ihnen zu Ihrer Zufriedenheit vorgestellt hat. Diese Übung erfüllt denselben Zweck, und in dem halben Jahrhundert, das ich nun schon als Sensitiver arbeite, ist es nicht einmal vorgekommen, dass meine Anfrage fehlgeschlagen wäre.

Übung: Fordern Sie Ihren Partner auf, sich zu erkennen zu geben
Diese Übung sollten Sie unbedingt ausführen, ehe Sie versuchen zu channeln. Damit erfahren Sie beide, wie es sich anfühlt, jemanden aufzufordern, sich zu erkennen zu geben, und eine Antwort auf eine Aufforderung zu erhalten, oder wie es sich anfühlt, aufgefordert zu werden.

Vorbereitung
Wie zuvor sollten Sie sich einander gegenübersetzen, wobei A der Beschützer und B der Empfänger ist. Entspannen Sie sich, sammeln Sie sich und stimmen Sie sich aufeinander ab.

1. A visualisiert nun ein Symbol und projiziert es von seinem Geist auf B. In diesem Fall sprechen Sie das Wesen des Empfängers B auf einer tieferen Ebene an.
2. A soll diesen gedanklichen Prozess bewusst durchführen und dann augenblicklich für eine symbolische Antwort empfänglich werden. Dies könnte ein Licht, eine Farbe, ein Symbol, eine symbolische Darstellung oder ein Gefühl sein, welches das essenzielle Wesen von B zum Ausdruck bringt. Da Sie sich

während dieser Übung erkennen werden, ist es möglich, dass sich A für wenige Sekunden mit B spirituell vereint fühlt.
3. B wird während dieses Vorgangs passiv bleiben. Ungeachtet seiner passiven Haltung wird B möglicherweise fühlen, was A tut. Falls Ihnen diese oder die nachfolgende Übung schwer fällt, sollten Sie daran denken, dass sich Erfolg umso seltener einstellt, je mehr Mühe Sie sich geben. Sie sollten völlig entspannt sein und es einfach geschehen lassen. Falls beim ersten Mal nichts passiert, wiederholen Sie die Übung einfach.
4. Wenn Sie die Übung abgeschlossen haben, sollten Sie sich erneut sammeln, sicherstellen, dass Sie beide wieder geerdet sind, und Ihre Erfahrungen austauschen.
5. Wiederholen Sie die Übung nun mit vertauschten Rollen, so dass B nun an A sendet. Sprechen Sie wieder über Ihre Erfahrungen und wie es diesmal funktionierte.
6. Diese Übung sollte mit einer der zuvor in diesem Kapitel beschriebenen Aufforderungen durchgeführt werden.

Weitere Vorbereitung auf das Channeln

Es ist wichtig, sich dem Channeln mit dem nötigen Respekt zu nähern und stets einen Schritt vor den anderen zu setzen. Legen Sie daher zunächst sorgfältig das Fundament für Verständnis und Technik. In diesem Abschnitt möchte ich hierzu einige einfache Grundregeln darlegen:

Absichten
Sensitive Energie und andere Bewusstseinsebenen werden immer auf Ihre Absichten reagieren. Daher sollten Sie überlegen, mit welchen Absichten Sie an die Sache herangehen, und sicherstellen, dass sie selbstlos sind. Wenn Sie sensitive Energie verwenden, um jemanden oder etwas zu manipulieren, werden Sie

manipulative Energien anziehen, die in der einen oder anderen Weise auf Sie zurückfallen werden. Vermeiden Sie daher die Ego-Falle.

Leben im Gleichgewicht

Eine gute, gesunde Ernährung hilft Ihnen, Ihr gesamtes System im Gleichgewicht zu halten. Sensitives Bewusstsein funktioniert in Harmonie mit den Rhythmen von Körper und Natur in ihrer Gesamtheit.

Flüssigkeit
Sensitive Energie hat die Eigenschaft, den Körper zu dehydrieren (s. S. 120). Kaffee und Tee wirken entwässernd und steigern diesen Effekt zusätzlich. Zudem sind sie stimulierend und können in einigen Fällen das Channeln beeinträchtigen, weil Sie durch diese Getränke zu angespannt sind. Hier ein altbewährter naturheilkundlicher Rat: Trinken Sie täglich zwei Liter Wasser, vorzugsweise Mineralwasser oder gefiltertes Wasser, möglichst ohne gleichzeitige Nahrungsaufnahme.

Feste Nahrung
Schwere Fleischsorten verringern die Empfänglichkeit für subtilere Energien, daher sollten Sie diese möglichst meiden. Geflügel und Fisch sind hingegen in Ordnung. Diesen Ratschlag erteile ich Ihnen übrigens nur, damit Sie die Frequenz Ihres eigenen Körpers erhöhen können, und nicht etwa aus moralischen Gründen. Die Frage, ob Sie sich vegetarisch oder teilweise vegetarisch ernähren wollen, bleibt Ihren persönlichen Gefühlen und Ihrer Entscheidung überlassen. Versuchen Sie, so zu essen, wie es die Natur vorgesehen hat:
– eine Salatmahlzeit pro Tag,
– meiden Sie Zucker und Salz (falls Sie doch Salz benötigen, dann verwenden Sie eine Sorte mit geringem Natriumchlorid-

gehalt und mit Magnesiumchlorid als Hauptbestandteil – dies wirkt sich vorteilhafter auf den Blutdruck aus),
- meiden Sie große Mengen an gesättigten Fetten,
- essen Sie viel Obst und Gemüse,
- verwenden Sie ausschließlich kaltgepresstes Olivenöl (es enthält mehrfach ungesättigte Fettsäuren und ist eines der sichersten Öle).

Zu guter Letzt noch ein Tipp: Probieren Sie doch auch einmal Bio-Produkte. Sie sind nachweislich nahrhafter, schmecken besser und enthalten eine bessere Schwingungsenergie. Bereiten Sie Ihre Mahlzeiten mit Liebe zu, essen Sie langsam und kauen Sie gut und entspannt.

Auch wenn diese Ratschläge für die sensitive Arbeit nicht von entscheidender Bedeutung sind, werden Sie Ihnen helfen, die Kontrolle zu bewahren, Ihre Gesundheit zu stärken und fit zu bleiben. Darüber hinaus werden sie es Ihnen erleichtern, Harmonie zu finden und sich besser auf einige der feineren Energieebenen einzustellen.

Alkohol, Tabak und halluzinogene Drogen
Wenn Sie im sensitiven Bereich arbeiten wollen, sollten Sie davor mindestens zwölf Stunden lang auf Alkohol verzichten, weil er vorübergehend Ihre Fähigkeit schwächt, Ihre Aura zu kontrollieren. Starkes Rauchen verursacht dieselben Probleme.

Starke Drogen sind für jede Form von sensitiver Arbeit im höchsten Maß gefährlich, weil sie die Kontrolle über Ihre Psyche deutlich herabsetzen. Zu dieser Kategorie zähle ich sämtliche halluzinogenen Drogen, insbesondere auch Designerdrogen wie Ecstasy und Tranquilizer. Diese Warnung betrifft jedoch auch alle Medikamente, welche die Kontrolle über Ihre Fähigkeiten einschränken und dazu führen, dass Sie nicht mehr in der Lage sind, ein Fahrzeug zu lenken.

Sex
Ich werde oft gefragt, welche Beziehung zwischen Sex und sensitiver Arbeit besteht. Dazu möchte ich zwei Bemerkungen machen. Erstens ist es nicht günstig, vor dem Channeln Sex zu haben, da dies Ihre Lebenskraft kurzfristig erschöpft, was sich negativ auf das allgemeine Gleichgewicht Ihrer Ätherkörper und Chakren auswirken kann. Zweitens werden Sie, wenn Sie beginnen, sensitive Energie zu fühlen, erfahren, dass sich Ihr gesamter Stoffwechsel intensiviert. Viele Menschen empfinden dies auch als sexuell stimulierend. Darüber müssen Sie sich keine Sorgen machen, Sie sollten jedoch wissen, wie Sie dieses Gefühl auflösen können. Sammeln Sie sich und verteilen Sie die Energie vom Sakral-/Sexualchakra auf das gesamte Chakrensystem, bis sie sich vom Wurzel- bis zum Kronenchakra ausgleicht, und erden Sie sich.

Unterstützen Sie das Nervensystem
Jede Form sensitiver Arbeit kann das Nervensystem belasten, daher rate ich Ihnen, als Ergänzung einen Vitamin-B-Komplex einzunehmen. Ich schlage einen B-Komplex in Nahrungsform vor, da er vom Körper leichter und vollständiger aufgenommen werden kann. Die übliche Tagesdosis sollte ausreichend sein.

Bekommen Sie keinen Schock!
Viele sensitive Menschen bemerken, dass ihre Energie elektrische Stromkreise beeinflusst oder von diesen beeinflusst wird und dass, während sie sensitiv tätig sind, Glühbirnen explodieren, Sicherungen durchbrennen und Ähnliches mehr. Ich dachte immer, dass ich von dieser mangelnden Resonanz auf elektrische Frequenzen nicht betroffen sei, seit kurzem fällt es mir jedoch schwer, meine Quarzuhr zu tragen, wenn ich channele oder heile. Ich entwickle ein starkes Bewusstsein für diese Energiequelle und die von ihr ausgehende Frequenz verträgt sich offen-

bar nicht mit meinen eigenen sensitiven Frequenzen. Daher nehme ich nun die Uhr bei diesen Tätigkeiten ab.

Es gibt also keinen Grund zur Sorge, falls Ihnen Derartiges passiert. Dadurch wissen Sie zumindest, dass der Zu- und Abfluss Ihrer sensitiven Energie funktioniert.

Geduld
Erinnern Sie sich an das alte Sprichwort: »Wenn der Schüler bereit ist, öffnet sich die Tür.« Dinge geschehen von selbst, sobald wir Hürden in unserem Leben in Angriff nehmen und Raum für Fortschritt schaffen.

Behalten Sie Kontrolle
Sorgen Sie dafür, dass Sie sich vor jeder sensitiven Tätigkeit sammeln und geerdet sind. Behalten Sie immer die Kontrolle. Bereiten Sie sich durch eine kurze »Stille«, eine Abstimmung oder eine Meditation vor. Arbeiten Sie erst im sensitiven Bereich, wenn Sie sich dabei wohl fühlen. Prüfen Sie nach Beendigung Ihrer sensitiven Arbeit, ob Sie wieder gesammelt und geerdet sind.

Bitten Sie um Hilfe
Fragen Sie immer um Rat, wenn Sie ein Problem haben oder etwas nicht verstehen.

Ein Vorschlag für eine Tagesroutine

Als praktizierender Sensitiver, Channeller und Heiler, der auch Persönlichkeits- und Ernährungsberatung anbietet, benötige ich eine festgelegte Tagesroutine, um selbst im Gleichgewicht zu sein, in Harmonie und frei von unerwünschten negativen Energien. Im Folgenden schildere ich nun einige Details dieser Routine, die für Sie hoffentlich ebenfalls hilfreich sein werden.

Erster Teil

Reinigung

Manchmal fühlen Sie sich vielleicht »schmutzig« in dem Sinne, dass Sie sich unangenehmer Energien in Ihrem Umfeld bewusst sind. Um sich von diesen zu befreien, darf ich Ihnen eine einfache Technik vorstellen, die ich schon vielen Patienten und Schülern empfohlen habe und die mir selbst außerordentlich wirkungsvoll erscheint.

Übung: Sieben

1. Stellen Sie sich im Sitzen, Liegen oder Stehen vor, ein Gartensieb in der Hand zu halten. Es ist rund und hat ein Gitter, das genau zu dem passt, was Sie sich vornehmen, damit auszusieben.
2. Beginnen Sie bei den Füßen und sieben Sie durch Ihre Ätherkörper, Chakren, den physischen Körper und die Auren jeden unerwünschten Gedanken in Ihrem Geist aus. Heben Sie anschließend das Sieb über den Kopf und schließen Sie dabei eine nur in Ihrer Vorstellung vorhandene Falltür direkt über Ihrem Kopf, damit der Inhalt des Siebs nicht wieder in Sie eindringen kann.

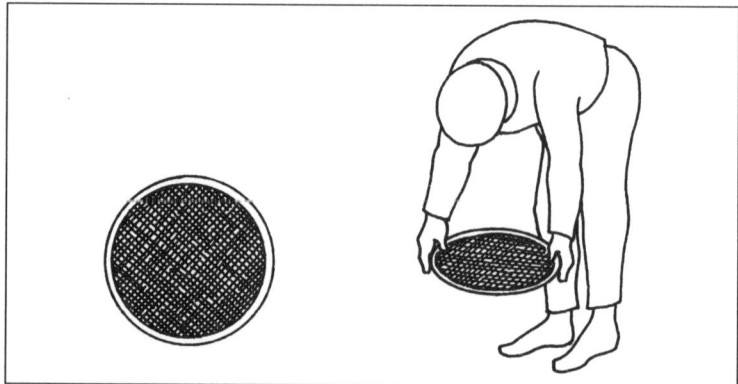

3. Nachdem Sie die Falltür geschlossen haben, sollten Sie den Inhalt des Siebs in eine Tüte füllen, sie verschließen und sie an ihren rechtmäßigen Platz im Universum schicken, wo immer der auch sein mag.
4. Wiederholen Sie den Vorgang insgesamt dreimal mit einem jeweils feinmaschigeren Sieb. Beim letzten Durchgang wird das Sieb so fein sein, dass es einem Kaffeefilter gleicht.

Zweiter Teil

Gleichgewicht herstellen
Dazu verwende ich die Ausgleichsübung mit dem Overheadprojektor, die ich in Kapitel 5 (S. 69) beschrieben habe. Hierbei ist es hilfreich, sich der Beziehung zwischen den in der Übung verwendeten sieben Farben des Spektrums und den unterschiedlichen Energien der sieben Hauptchakren bewusst zu sein. Es ist jedoch nicht notwendig, die einzelnen Chakren während der Übung zu visualisieren.

Dritter Teil

Selbstschutz
Nachdem ich mich gereinigt und mein Gleichgewicht hergestellt habe, bin ich bereit, mich zu schützen. Dazu verwende ich das multidimensionale Kreuz in der goldenen Kugel, wie auf S. 73 beschreiben. Jeder Therapeut wird diese dreiteilige Übung als sehr hilfreich empfinden. Zum Schluss darf ich nochmals wiederholen, dass es überaus wichtig ist, psychische Schutztechniken anzuwenden, wenn Sie zu channeln beabsichtigen.

9 Wie Sie mit dem Channeln beginnen

> »Wir können das Beste aus dem machen, was wir sind; wir können das Beste aus dem machen, was wir haben; wir können das Beste aus dem machen, was wir erschaffen.«
>
> H-A

In den vorherigen Kapiteln habe ich Ihnen einen allgemeinen Überblick gegeben über das Wesen des Channelns und das, was es uns zu bieten hat. Ich habe Ihnen Methoden vorgestellt, wie Sie Energien identifizieren und die subtileren Aspekte Ihres Wesens unter Kontrolle halten können. Wir haben uns mit verschiedenen Möglichkeiten befasst, uns zu schützen, und unterschiedliche psychische Schutzmechanismen analysiert. Es ist überaus wichtig, dass Sie als Vorbereitung auf das eigentliche Channeln die verschiedenen Übungen ausführen. In diesem Kapitel werde ich Ihnen helfen, sich Schritt für Schritt durch den Prozess des Channelns voranzuarbeiten.

Vorbereitung

Wählen Sie einen Lieblingsort, einen Raum, an dem Sie und Ihr Partner bei dieser Arbeit sich wirklich wohl fühlen, entspannt sind und stundenlang ungestört bleiben. Vergessen Sie nicht, das Telefon auszustecken, und versichern Sie sich, dass keine Haustiere im Raum sind, weil sowohl Hunde als auch Katzen überaus empfindliche Tiere sind, die stark auf einen Anstieg sensitiver Energie reagieren könnten.

Als ich einmal vor vielen Jahren im Haus einer Patientin channelte, ersuchte ich die Gastgeberin während des Channellings, ihre

Katze aus dem Raum zu entfernen. Sie wartete, bis ich begonnen hatte, und ließ die Katze wieder hinein. Zweifellos hielt sie meine Bitte für übertrieben und glaubte, dass es nichts ausmache. Kaum war die Katze wieder im Zimmer, spürte sie den Anstieg sensitiver Energie, sauste quer durch den Raum, sprang auf meinen Schoß und grub ihre Krallen in freundlichster Weise in meine Hüften – der Fairness halber muss ich erwähnen, dass sie vermutlich nur eine angenehmere Haltung einzunehmen versuchte. Damals sank ich jedoch üblicherweise in einen tiefen Trancezustand, in dem mein Geist leicht den Körper verließ – ein Vorgang, der für das Channeln nicht nötig ist. In dieser Situation war ich überaus verletzlich, und durch den plötzlichen Schmerz, als die Katze die Krallen in mein Fleisch grub, kehrte mein Geist in unangenehmster Weise schockartig in meinen Körper zurück. Es war eine sehr schmerzhafte und potenziell gefährliche Erfahrung.

Ich erinnere mich noch lebhaft, dass ich unvermittelt aus dem Trancezustand gerissen wurde und mich in Fötushaltung auf dem Boden liegend vorfand. Ich fühlte mich, als hätte mich jemand mit Militärstiefeln in den Solarplexus getreten. Bis es mir gelang, meine Aura und meine Chakren wieder auszugleichen, litt ich unsägliche Qualen. Glücklicherweise befand sich im Raum eine Person, die mich psychisch betreute und imstande war, mir zu helfen, mein Gleichgewicht wiederzufinden. Daher spreche ich die Warnung aus: Glauben Sie bitte nicht, dass sich gerade *Ihr* Hund oder *Ihre* Katze vorbildlich benehmen wird!

Schaffen Sie ein angenehmes Ambiente

Es lohnt sich, das Ambiente angenehm zu gestalten: Stellen Sie frische Blumen oder eine Topfpflanze ins Zimmer, wählen Sie eine behagliche Beleuchtung oder verbrennen Sie etwas Duftöl. (Vetivergras eignet sich besonders gut, wenn es Ihnen schwer fällt, sich zu erden.) Eine brennende Kerze im Raum ist immer ein gutes Hilfsmittel, um sich zu konzentrieren. Bereiten Sie den Ort psychisch vor, indem Sie sich gemeinsam mit Ihrem Partner in die Mitte des Raums stellen, sich im Zentrum des Kreuzes in der goldenen Kugel platzieren und das Symbol allmählich ausweiten, bis es den gesamten Raum umfasst. Durch die Ausweitung des Symbols fegen Sie buchstäblich jede negative oder unangenehme Energie aus dem Raum. Sorgen Sie dafür, dass genug Mineralwasser oder gefiltertes Wasser zur Hand ist, und trinken Sie vor Beginn mehrere Gläser davon. Sie sollten dies aus zwei Gründen tun: Erstens wirkt sensitive Energie wie gesagt häufig dehydrierend, und zweitens funktioniert Wasser als ausgezeichneter Leiter von sensitiver Energie und stärkt Ihr sensitives Bewusstsein. Ich kenne zahlreiche Sensitive, die auf der Toilette plötzlich Eingebungen haben!

Es ist auch ratsam, vor dem Channeln keine schwere Mahlzeit zu sich zu nehmen. Sie fühlen sich dann nicht nur schläfrig, sondern schaffen dadurch auch eine Schwere, die Sie sicher in Ihrem sensitiven Bewusstsein hemmt. Vergessen Sie nicht, Notizblock und Bleistift oder ein Diktaphon bereitzulegen, um Ihre Erfahrungen zu notieren.

Welche Haltung sollten Sie einnehmen? Wenn Sie mit Yoga vertraut sind, rate ich zum Lotussitz (s. S. 63), allerdings nur, wenn Sie sich wirklich in dieser Haltung wohl fühlen, entspannt sind und sie auch längere Zeit durchhalten.

Für westlicher eingestellte Personen schlage ich die ägyptische Haltung vor (s. S. 63). Verzichten Sie darauf, Arme oder Beine zu kreuzen, denn dadurch verschließen Sie sich gegenüber einströmender Energie. (Nur zur Information: das Verschränken von Armen und Beinen ist eine Methode, sich zu schützen. Aus diesem Grund verschränkt man auch die Arme eines Toten – dies ist ein altes Ritual, um die Person während des nächsten Schritts auf der Reise zu schützen.)

Es ist ratsam, mit Ihrem Partner für die Übung ein Zeitlimit zu vereinbaren; falls Sie das nicht tun und die Übung zu sehr in die Länge ziehen, könnten Sie übermäßig ermüden. Zwanzig bis dreißig Minuten sind für den Anfang angemessen.

Abstimmen

Nehmen Sie sich einige Minuten Zeit, um sich abzustimmen und mit Ihrem Partner zu harmonisieren. Verwenden Sie beispielsweise eine Kerzenflamme, um sich zu konzentrieren. Dies ist der Augenblick, um sich und Ihren Partner mit einer schützenden Blase zu umgeben, wobei Sie das vereinbarte Symbol benutzen. Nun sind Sie bereit, mit der Entspannungsübung zu beginnen, um Ihr Bewusstsein zu steigern.

Entspannen

Sie können zur Entspannung des Körpers die auf Seite 62ff. beschriebene Übung verwenden. Fangen Sie bei den Zehen an, fühlen Sie sie, spannen Sie sie an und entspannen Sie sie danach wieder. Gehen Sie in dieser Weise durch Ihren Körper aufwärts, bis Sie jeden Körperteil entspannt haben. Eine andere Methode:
1. Atmen Sie tief und entspannt.
2. Fühlen Sie, wie Sie beim Einatmen Energie aus dem Kosmos in sich aufnehmen und sie durch Ihren Körper bis in das Becken strömen lassen.
3. Fühlen Sie, wie Sie beim Ausatmen alle emotionalen und körperlichen Spannungen von sich geben. Atmen Sie all Ihre Angst aus, den Stress und die Belastungen in Ihrem Leben. Rufen Sie sie im Geist auf und setzen Sie sie frei. Wiederholen Sie diese Atmung so lange wie nötig.

4. Fühlen Sie, wie Sie beim nächsten tiefen Atemzug Energie einatmen wie zuvor. Senden Sie sie beim Ausatmen in die Beine hinab, durch die Knie, die Waden, die Knöchel und die Füße bis in die Zehen. Bis jede Zelle mit Energie gefüllt ist.
5. Fahren Sie fort, kosmische Energie einzuatmen, und senden Sie sie in die Schultern und durch die Arme und Hände in die Finger.
6. Wiederholen Sie den Vorgang mit Hals, Kehle, Gesichtsmuskeln, Augen und Kopfhaut.
7. Sie werden sich jetzt sowohl energiegeladen als auch entspannt fühlen und sich Ihres ganzheitlichen Wesens bewusst sein. Fühlen Sie die Ausgewogenheit innerhalb Ihrer verschiedenen Bewusstseinsebenen: der Ätherkörper, der Chakren und der Aura.
8. Stellen Sie nun wieder den Kontakt zu Ihrem Partner her, indem Sie ihm einen wohlgesinnten Gedanken bedingungsloser Liebe schicken, und schaffen Sie damit im Raum eine Atmosphäre von Harmonie und Bereitschaft, um mit dem Prozess des Bewusstwerdens zu beginnen.

Das Bewusstwerden

Ab nun ist es Aufgabe des Beschützers, psychisch geerdet zu bleiben und dem Channeller Schutz zu gewähren. Dieser Schutz sollte kugelförmig sein – verwenden Sie dazu die Farben Weiß, Blau oder Gold – und eine filigrane Struktur aufweisen, damit nur die höheren, spirituellen Frequenzen den Channeller erreichen können (s. die Übungen von Kapitel 8). Frischen Sie den Schutz während der Sitzung von Zeit zu Zeit mental auf und fordern Sie jedes Wesen oder jede Energie auf, sich zu erkennen zu geben, deren Anwesenheit Sie fühlen.

Der Channeller sollte als nächsten Schritt seinen Geist vollkommen entspannen und sich der Atmosphäre bewusst werden, die seinen Kopf und seine Schultern einhüllt. Senden Sie im Geist ein »Radarsignal« aus, das einen Bereich von 360 Grad umfasst, um jede Bewusstseinsebene aufzufangen, die außerhalb Ihrer üblichen Erfahrungsebene liegt. Halten Sie immer wieder verbal Kontakt zu Ihrem Partner und antworten Sie, wenn er Sie fragt, was Sie fühlen oder empfinden. Es ist wichtig, dass Sie und Ihr Partner dauerhaft in Verbindung stehen, um das, was Sie als Channeller erleben, weiterzugeben, auch wenn Sie sich in einem etwas veränderten Bewusstseinszustand befinden.

Wenn Sie versuchen, etwas zu empfangen, sollten Sie Ihren Geist weit öffnen und auf jede Form von Erwartung verzichten. Versuchen Sie in diesem Stadium nicht, das, was Sie erleben, zu analysieren oder zu interpretieren.

Was werden Sie erleben, wenn Sie sich erstmals in diesen Bewusstseinszustand begeben? Da gibt es viele Möglichkeiten. Sie könnten Farbe, Musik, Inspiration, Symbole oder Formen empfinden. Vielleicht hören Sie eine Stimme oder empfangen ein Wort oder einen Satz. Womöglich werden Sie sich aber auch der Gegenwart eines Wesens gewahr, das Sie umhüllt, neben oder hinter Ihnen steht oder wie ein Schatten über Ihnen liegt. Hierbei könnte es sich um Ihren persönlichen Geistführer oder eine andere Form von externem Ratgeber handeln.

Die Aufforderung, sich zu identifizieren

Dies ist für Sie und Ihren Partner der geeignete Augenblick, das Wesen oder die Energie, deren Gegenwart Sie spüren, aufzufordern, sich zu erkennen zu geben. Wenn Sie ein unangenehmes Gefühl wahrnehmen, sollten Sie eine strengere Aufforderung aussprechen. Wiederholen Sie die Aufforderung insgesamt bis zu dreimal, falls nötig. Sollten Sie sich weiterhin unbehaglich fühlen, dann schließen Sie den Energiestrom, sammeln Sie sich erneut und beenden Sie die Sitzung. Es ist eher unwahrscheinlich, dass dies geschieht, könnte jedoch damit in Zusammenhang stehen, dass Ihre eigene Energie gestört oder, aus welchen Gründen auch immer, angsterfüllt ist. Vielleicht spiegelt es auch die Atmosphäre im Raum wider. In diesem Fall sollten Sie den Energiestrom nochmals reinigen und sorgfältiger vorbereiten. Sie dürfen nicht vergessen, dass Sie überaus subtile sensitive Bewusstseinsebenen betreten, in denen die Atmosphäre, in der Sie arbeiten, eine große Rolle spielt. Akzeptieren Sie die Situation als Teil des Lernprozesses und versuchen Sie, das Problem beim nächsten Mal auszuräumen. Wenn nötig, sollten Sie um Hilfe bitten.

Wir wollen wieder zu unserer Sitzung zurückkehren, annehmen, dass alles in Ordnung ist und dass die Antwort auf Ihre Anfrage bei Ihnen ein gutes Gefühl auslöst.

Das Channeln

Vermutlich werden Sie als Channeller zunächst fühlen, dass Sie eine »Verbindung« hergestellt haben. Vielleicht haben Sie die Anwesenheit von etwas *gefühlt*, einen Gedanken *empfangen* oder eine Farbe *gesehen*. Das ist sehr gut. Vielleicht wollen Sie einige Worte weitergeben: »Man sagt mir, dass ...« Ganz ausgezeichnet. Schildern Sie Ihre Eindrücke ungehindert, wie vage sie auch sein mögen. Wenn Sie die Anwesenheit eines Wesens deutlicher empfinden, verspüren Sie vielleicht auch das Bedürfnis, eine Botschaft dieses Wesens in direkterer Form durchzugeben: »Guten Abend. Ich wünsche, etwas zu sagen« oder »Ich habe eine Botschaft für den Channeller«.

Der Beschützer sollte in diesem Fall auffordernd reagieren und wie in einem normalen Gespräch Fragen stellen, um den

Gesprächsfluss in Gang zu halten. Hier einige Beispiele für jene Art von Fragen, die ich stellen würde.
- »Hallo, dürfen wir dich bitten, uns etwas über dich zu erzählen?«
- »Bist du jung oder alt?«
- »Bist du männlich oder weiblich?«
- »Wann hast du das letzte Mal in inkarnierter Form gelebt? War es auf diesem Planeten?«
- »Was hast du in deinem letzten Leben getan, und wo hast du gelebt?«
- »Wann wurdest du geboren, und wann bist du gestorben?«
- »Bist du der persönliche Geistführer des Channels?«
- Falls nicht: »Bist du ein Geistführer, der gekommen ist, um ihm bei einem bestimmten Problem zu helfen?«
- »In welchem Bereich bietest du Hilfe?«
- »Hast du je zuvor durch einen Channel oder einen Sensitiven kommuniziert?«
- »Wenn ja, durch wen?«

Sie können natürlich beliebig fortfahren. Wichtig ist hierbei, dass Sie die Kommunikation und den Energiefluss durch den Channeller fördern, wodurch die Verbindung zwischen dem Geistwesen und dem Geist des Channels gestärkt wird.
Zusätzlich zu meinen Fragen würde ich versuchen, die Atmosphäre im Raum durch einen Gedanken zu beruhigen und zu stabilisieren.

»H-A, kannst du uns etwas über die Beziehung zwischen dem Sensitiven und dir erzählen?«

»Die Energie, die zwischen dem Sensitiven und mir aufgebaut wird, ist eine Art von Verbindung, die mit jeder heute auf diesem Planeten inkarnierten Person existiert und existieren kann. Ich habe viel über den Begriff ›Channeln‹ gehört und würde ihn gerne etwas eingehender erklären, damit ihr nicht nur seine Bedeutung als Kontakt zwischen einer Person in einem physischen Körper und höheren Bewusstseinsebenen versteht, sondern auch seine Bedeutung als Verbindung zwischen eurem äußeren und inneren Bewusstsein. Und genau diese Verbindung ermöglicht es euch, mit den höheren Ebenen des Verständnisses in Kontakt zu kommen.

Wenn die Menschheit im Verlauf der nächsten hundert Jahre bedeutend mehr Weisheit und Verständnis entwickeln soll als heute, ist es wichtig, das Wesen dieser Verbindung zu begreifen. Denn nur durch eine solche Verbindung können die höheren und weiseren Aspekte eines Wesens zum Ausdruck gebracht werden.«

H-A

Der Abschluss

Wenn Sie fühlen, dass sich die Energie auflöst, oder Sie bereits etwa zwanzig Minuten im Channel waren, wird es Zeit, dass Sie die Verbindung beenden und sich erneut erden. Zunächst sollten Sie in Gedanken jenen unsichtbaren Helfern danken, die sich um Sie gekümmert, Sie beschützt und Sie durch die Sitzung begleitet haben. Dann sollten Sie der Energie gestatten, sich allmählich zurückzuziehen, und sich langsam wieder Ihres physischen Körpers bewusst werden. Wiederholen Sie dazu die Übung, die Sie als Vorbereitung auf das Channeln ausgeführt haben, in umgekehrter Reihenfolge.

Fühlen Sie die Atmosphäre um Ihren Kopf, und gestatten Sie Ihrem bewussten Geist, erneut die Kontrolle zu übernehmen. Werden Sie sich Ihres Körpers bewusst: Kopf, Kopfhaut, Gesichtsmuskeln, Zunge, Kinn, Kehle, Hals, Schultern, Arme, Hände, Finger, Wirbelsäule, Becken, Oberschenkel, Knie, Knöchel, Füße und Zehen. Führen Sie die Energie gedanklich abwärts durch die Füße, bis sie sich wie Wurzeln in den Boden erstreckt. Schließen Sie, wenn nötig, einige der Erdungsübungen aus Kapitel 5 an.

Als Abschluss der Sitzung empfiehlt es sich, die Tagesroutine auszuführen. Zu ihr gehören das Sieben, das sich Sammeln, das Ausgleichen der Aura und die Visualisierung des Schutzsymbols (s. S. 104). Damit reinigen und konzentrieren Sie den Geist und bewirken, dass Sie erneut geerdet und geschützt sind.

Nun sollten Sie notieren, was sich ereignet hat, um einen wertvollen Bericht Ihres Fortschrittes zu erstellen. Halten Sie dabei das Datum, die Zeit, den Ort und die Namen aller anwesenden Freunde fest sowie jedes ungewöhnliche Ereignis. Zum Schluss sollten Sie wieder das Telefon einstecken und eine Tasse Tee genießen.

Es ist wichtig, dass Sie regelmäßig, aber nicht zu häufig channeln, so dass Sie sich allmählich und rhythmisch auf die sensitiven Energien abstimmen können, die Sie kontaktieren. Eine Sitzung pro Woche wäre ideal, obwohl einige Menschen auch zwei Sitzungen pro Woche noch als annehmbar empfinden. Sie müssen selbst herausfinden, wobei Sie sich am wohlsten fühlen. Wenn Sie übermäßig erschöpft, angespannt oder in irgendeiner Weise orientierungslos reagieren, praktizieren Sie das Channeln möglicherweise zu oft und sollten den Abstand zwischen den einzelnen Sitzungen verlängern, oder Sie erden sich nach den Sitzungen nicht ausreichend.

Es ist schwierig vorherzusagen, wie lange es dauert, bis Sie fühlbare Ergebnisse erzielen. Interessanterweise habe ich beobachtet, dass Personen, die ihre Fähigkeit langsam und allmählich entwickelten, das Channeln langfristig als überaus befriedigend und erfüllend empfunden haben. Sie sollten daher keineswegs verzweifelt sein, wenn nicht sofort etwas geschieht – machen Sie einfach entspannt weiter und lassen Sie zu, dass es allmählich, behutsam und ohne Eile passiert.

10 Welche Auswirkungen hat das Channeln?

> »Channeln ist vor allem ein Mittel, um die Bewusstseinsebene eines Individuums zu erweitern, so dass es das Karma dieser bestimmten Inkarnation erkennen kann.«
> H-A

Auf einer sensitiven Ebene bedeutet Channeln, dass wir einen Energiestrom durch unser Wesen zulassen, der eine höhere Frequenz oder Schwingung besitzt als jener, aus dem unser physischer Körper und unsere verschiedenen Ätherkörper bestehen. Diese Energien verbinden sich mit allen Ebenen unseres Wesens, der physischen, emotionalen, mentalen und spirituellen Ebene. Sobald wir uns entschließen, den Vorgang des Channelns zu starten, stellen wir die Weichen für Veränderung. Eines steht fest: Wenn Sie einmal mit dem Channeln begonnen haben, wird das Leben nie mehr so sein, wie es war. Es bietet Ihnen unglaubliche Vorteile, stellt Sie aber auch vor bedeutende und mitunter schwierige Herausforderungen. Wir wollen uns nun einige der Vorteile und Herausforderungen ansehen:

Die Vorteile des Channelns

- Es öffnet Ihnen eine Ebene erweiterten Bewusstseins und Verständnisses, die auch eine verstärkte Wahrnehmung umfasst.
- Gelegentlich befähigt es uns, das zu finden, was Joseph Campbell, eine der größten Autoritäten unserer Zeit auf dem Gebiet der Mythologie, als Zustand der Glückseligkeit beschreibt, wo wir Frieden und innere Harmonie finden.

- Sie werden erkennen, dass die Wahrheit im Auge des Betrachters liegt und dass es keine *absolute Wahrheit* gibt (s. Abb. unten). Absolute Wahrheit zu finden bedeutet, über dieses Bedürfnis hinauszuwachsen.
- Sie werden Ihre Fähigkeiten steigern und sich selbst erkennen.
- Ihr eigenes erweitertes Bewusstsein und Verständnis wird auch andere befähigen, zu wachsen und in diesem Leben Fortschritte zu erzielen.
- Sie werden imstande sein, auch andere Welten und psychische Reiche wahrzunehmen und zu begreifen.

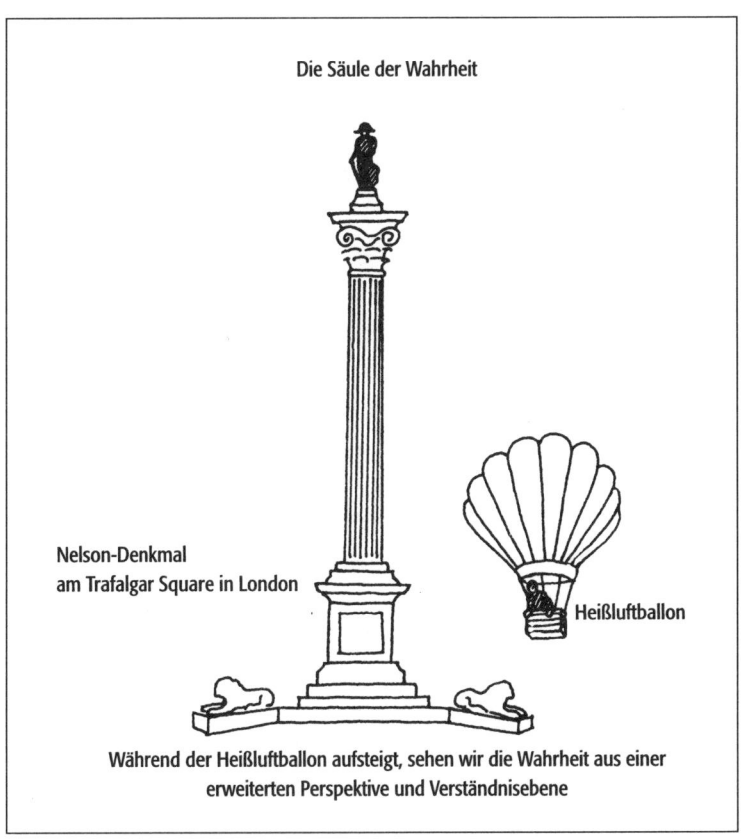

Während der Heißluftballon aufsteigt, sehen wir die Wahrheit aus einer erweiterten Perspektive und Verständnisebene

Wir wollen uns nun vorstellen, vom Trafalgar Square in London mit einem Heißluftballon aufzusteigen. Wenn der Ballon etwa fünf Meter aufgestiegen ist, sehen wir die Steine des Pflasters. Das ist in diesem Augenblick unsere Wahrheit.

Ebenso wie unser Leben voranschreitet, hebt sich der Ballon höher in die Luft. Sobald er eine Höhe von 15 Meter erreicht hat, blicken wir wieder über den Rand des Korbes. Diesmal sehen wir den gesamten Trafalgar Square – Tauben, Menschen, Busse, Taxis, Autos, Gebäude. Das ist noch immer dieselbe Wahrheit, wenn auch aus einer erweiterten Perspektive und Verständnisebene. Hat der Ballon die Spitze der Nelson-Säule erreicht, und wir blicken dann über den Rand des Korbes, sehen wir London mit all seinen Vororten, wo insgesamt zwölf Millionen Menschen leben, sterben und ihre Erfahrungen machen. Dies ist die *höchste Wahrheit*, die wir auf dieser speziellen Reise erfahren können.

Die Herausforderungen des Channelns

— Channeln wirkt wie ein Licht, das in der Dunkelheit leuchtet, unsere inneren Blockaden enthüllt, die negativen Aspekte unserer Persönlichkeit und unsere unterdrückten Gefühle und Probleme an die Oberfläche bringt. Die Auseinandersetzung mit unseren Schattenseiten führt unter Umständen zu starken Stimmungsschwankungen. Sie kann etwa eine Periode intensiver Selbsterforschung einleiten – wobei wir etwa im Fall eines unbefriedigenden Jobs oder von Beziehungsproblemen möglicherweise die Hilfe eines Persönlichkeitsberaters oder Psychotherapeuten in Anspruch nehmen sollten – und direktes Handeln auslösen.

— Channeln befähigt uns jedoch auch zu akzeptieren, dass jeder von uns anders ist und dass Wörter wie »besser« oder »schlechter«, »richtig« oder »falsch« unterschiedliche Bedeu-

tungen besitzen. All diese Herausforderungen zeigen lediglich auf, wie wichtig es beim Channeln ist, an sich selbst zu arbeiten und ständig die Ätherkörper, die Aura und die Chakren in Einklang zu bringen, neu zu konzentrieren und auszugleichen.
- Eine leichte mentale Loslösung ebenso wie das Gefühl mangelnder Konzentration können Kopfschmerzen und möglicherweise auch Übelkeit verursachen. Diese Zustände treten meist durch eine falsche Ausübung der Methode oder eine zu intensive oder unsensible Durchführung auf. Daher ist es immer wichtig, alle in diesem Buch dargelegten Schritte zu befolgen.
- Psychologisch könnten Sie in eine Identitätskrise geraten (Wer bin ich?), vor allem wenn Sie sehen, dass Ihre Freunde und andere Personen aus Ihrer Umgebung Kontakt zu jenem Geistführer aufnehmen, der Sie als Channel verwendet. Man kann sich dadurch sehr ohnmächtig fühlen.
- Ein ähnliches Problem kann sich ergeben, wenn andere versuchen, *Sie* auf ein Podest zu heben wegen der Weisheit und klugen Ratschläge, die Sie von dem Geistführer erhalten.

Deshalb ist es wichtig, klar zu trennen zwischen dem Gefühl, wer wir sind, und unserer Rolle in dem Vorgang oder sämtlichen anderen Kommunikationsebenen, die uns umgeben werden.

Kreativität und Absicht

»H-A, ich möchte dich gerne zum Thema Kreativität befragen. Wenn Ideen zu fließen beginnen, woher kann ich dann wissen, ob diese Ideen aus meiner Seele, von meinem Höheren Selbst oder von einem Geistführer stammen? Und was ist ein kreativer Geist?«

»Sobald Menschen beginnen, ihr eigenes Bewusstsein zu ehren, sind sie bereit, Kreativität durch sich hindurchströmen zu lassen. So wie ich das Channeln betrachte und es euch durch einen Sensitiven erklärt habe, beinhaltet es genau dieses Konzept. Jeder Geist in einem menschlichen Körper besitzt ein Höheres Selbst, und sobald jemand beginnt, die Ruhe in sich zu suchen und sich selbst gestattet, in einen tieferen, empfänglicheren Bewusstseinszustand zu wechseln, fängt Kreativität zu fließen an. Ich würde gerne erleben, dass die Menschen auf diese Weise wachsen und ihr Verständnis erweitern. Meiner Ansicht nach ist es unwichtig, ob das, was die Menschen inspiriert, von ihrem eigenen Höheren Selbst stammt, von ihrem persönlichen Geistführer oder Schutzengel oder gar aus einer anderen Quelle, die sich jenseits einer anderen Bewusstseinsebene befindet.

Falls diese Bewusstseinsebene außerhalb der jeweiligen Person liegt, wird sie zunächst vermutlich die Wesensebene des Geistes eines Verstorbenen kontaktieren. Erlaube mir, mich in dieses Thema weiter zu vertiefen.

Wenn du stirbst, verlässt dein Geist den Körper und findet sich in einer Art Rastplatz wieder, einer Existenzebene, die in ihrer Schwingung der Erde sehr ähnlich ist. Zunächst fühlt sich der Geist vielleicht etwas verwirrt und in manchen Fällen sehr erdgebunden, was von der Art des ›Todes‹ abhängt – je nachdem, ob er plötzlich oder schleichend erfolgt ist –, aber auch von dem geistigen Zustand zum Zeitpunkt des Todes. Allmählich ändert sich dies und der Geist erkennt immer deutlicher, was geschehen ist. In anderen Worten: Er öffnet sich durch die Hilfe anderer Geistwesen einer neuen Wirklichkeit. Nun wechselt er in einen Zustand, in dem er sein bisheriges Leben überblicken und mit seinem gesamten Karma vergleichen kann – den Erfahrungen, die er im Lauf all seiner Leben gemacht hat –, und er kann nun darüber nachdenken, warum gerade dieser spezielle Körper gewählt wurde und ob er seinen Auftrag in diesem Leben erfüllt hat. Es wird eine Weile dauern, bis er mit allem ins Reine gekommen ist, was in diesem Leben geschehen ist.

Im Grunde ist es derselbe Zustand, wie wenn du tatsächlich in einem physischen Körper inkarniert bist und begreifst, dass deine Vergangenheit jene Geschichte ist, die dein heutiges Wesen geformt hat. Nur allzu leicht verfängst du dich in dieser Vergangenheit und empfindest Teile davon als unannehmbar oder schwierig. Ein Psychologe würde diese Bereiche als ›ungelöste Probleme‹ bezeichnen.

Falls der Geist auf dieser Rastebene mit den ungelösten Problemen nicht ins Reine kommt, trägt er sie mit in das nächste Leben; und er wird dieses nächste Leben dazu nutzen wollen, genau diese Probleme aufzuarbeiten. In Wirklichkeit hast du deine Eltern nicht vorrangig wegen dem gewählt, was sie sind oder waren, sondern wegen der Herausforderungen, die du brauchst, um in deiner Entwicklung voranzukommen. Spirituelle Entwicklung hat mit der Fähigkeit zu tun, dein Verständnis zu erweitern.

Wenn du also zu channeln beginnst, wirst du vermutlich zunächst mit dem Geist eines Verstorbenen Kontakt schließen. Mit ein wenig Übung wirst du imstande sein, dein Bewusstsein über diese Ebene hinaus direkt in die des höheren Reichs zu erstrecken, das spirituelle Reich, also bis in jene gedanklichen Ebenen, die über bedingte Gedanken und Taten hinausgehen. Früher war es überaus wichtig, dass die spirituellen Bewusstseinsebenen, zu denen ein Medium Kontakt aufnahm, den Namen eines verstorbenen Geistes trugen. Zumeist stellte er sich als Angehöriger einer alten Rasse heraus, wie etwa als Weiser einer indianischen Kultur.

Das Wichtige am Channeln ist, dass die jeweilige Person Kontakt zu einer höheren kreativen Gedankenebene schließt. Dadurch fließen eine höher entwickelte Lehre und Philosophie in den Planeten ein, der sich sowohl auf individueller als auch kollektiver Basis nach wie vor weiterentwickelt.

Jetzt wollen wir uns mit dem Channeln auf der Ebene des Genies befassen. Im Zuge des Evolutionsprozesses steigen einige Geister in besonders hohe Bewusstseinsebenen auf, die jenseits der Bedürfnisse der physisch inkarnierten Wesen liegen. Von Zeit zu Zeit kehren sie jedoch aus einem definierten Grund zurück, um eine bestimmte Fähigkeit weiterzugeben, wie etwa Musik, Kunst oder eine wissenschaftliche Entdeckung, und damit den Planeten in seiner Gesamtentwicklung voranzutreiben. Die Gottheit erzwingt Entwicklung nicht, aber es gefällt ihr, jene Kreativität anzuregen, die zu einem Fortschritt im Bewusstsein führt.

Ein Geist kann also in einen irdischen Körper zurückkehren und ein reiches Maß an Weisheit und Wissen mitbringen, das er dann innerhalb der Begrenzungen einer physischen Existenz unterbringen muss. Die Einschränkungen, denen der physische Geist und Körper unterworfen sind, werden dabei voraussichtlich Probleme bereiten. Stellen wir uns beispielsweise vor, der Geist entscheidet sich, in den Körper eines Kindes einzutreten, das einmal Komponist werden wird. Schon in jungen Jahren wird es Kostproben dieser großartigen Musik geben. Weil der physische Körper nicht auf den Umgang mit sensitiver Energie vorbereitet ist, kann die Energiemenge, die der Geist in diesem oftmals zarten Körper verströmt, zu einer starken Unausgeglichenheit im Leben führen. Dies geschieht häufig bei Menschen, die ihr als »Genies« bezeichnen würdet. Betrachtet man die Geschichte der Menschheit, so zeigt sich, dass viele Genies aus diesem Grund ein schwieriges Leben führten. Ich möchte ein Beispiel für einen solchen Menschen nennen. Es ist zwar ein kontroverses Beispiel, aber meiner Ansicht nach überaus wertvoll. Ich spreche vom Menschen Jesus.

Als das Bewusstsein von Christus mit dem Menschen Jesus verschmolz, stellte dies tatsächlich eine große Herausforderung für Jesus dar. Darum verbrachte er auch viele Jahre der Vorbereitung in der »Wildnis«, wie die Bibel es ausdrückt. Meiner Ansicht nach verbrachte er diese Jahre mit den Essenen. Die Essenen wussten über die Inkarnation Bescheid und dass es ihre Aufgabe war, Jesus zu unterrichten und darauf vorzubereiten, diese höhere Ebene spirituellen Bewusstseins zu empfangen. Jesus war jedoch ein Mensch, kein Gott. Das Bewusstsein von Christus, das in ihn geströmt war, musste erst gefiltert werden, sonst hätte ihn das hohe Energieniveau zerstören können.

Dasselbe ist selbstverständlich auch anderen Atavaren [geistigen Führern] passiert, die auf diesen Planeten gekommen sind, um durch ein neues Verhaltenskonzept oder Denkmodell in ihrer Zeit und ihrer Umgebung den Fortschritt des Planeten voranzutreiben. Wenn ihr dies von mir hört, begreift ihr auch, warum es so wichtig ist, dass Menschen in ihrem Denken flexibel sind und keine Angst davor haben, die Vergangenheit loszulassen.

Nun habe ich euch eine sehr lange Antwort auf eine sehr einfache Frage gegeben, um aufzuzeigen, wie Channeln auf verschiedenen Ebenen funktioniert. Damit wollte ich deutlich machen, dass eine kreative Kommunikation auf vielen Ebenen erfolgen kann. Ihr könnt Kontakt schließen zu eurem Höheren Selbst oder durch euer Höheres Selbst zu eurem persönlichen Geistführer. Ihr könnt jedoch auch Verbindung aufnehmen zu einem Verstorbenen oder dem Geist eines höheren, spirituellen Reichs. Ebenso gut könnt ihr eine Kommunikation mit einem kreativen Genie führen, das fähig ist, besonders hohe Bewusstseinsebenen zu kontaktieren. Unabhängig von der Quelle, die ein Channeller erreicht, ist er selbst dafür verantwortlich, wie er mit seiner Energie umgeht und mit der anderen Energie verschmilzt ...«

»Wenn jemand nicht von sich aus channeln kann, gibt es dann Methoden, um diese Fähigkeit zu üben und sich ihr zu öffnen? Zum Beispiel durch regelmäßiges Schreiben? Und ich meine damit normales Schreiben, das sich zu kreativem Schreiben entwickeln kann. Ich habe gehört, dass Geistführer und spirituelle Helfer immer gerne bereit sind, diesen Prozess zu unterstützen. Ich könnte noch andere Tätigkeiten anführen, wie Malen oder Komponieren, aber Schreiben erscheint mir direkter ...«

»Erkläre mir bitte, welchen Unterschied du zwischen ›normalem‹ und ›kreativem‹ Schreiben siehst?«

»Ich dachte zunächst, dass vielleicht jede Form von Schreiben kreativ ist, selbst ein Geschäftsbericht ... wenn er mir auch als sachlicheres Schreiben erscheint. Ich glaube, jetzt habe ich mir selbst ein Bein gestellt ... [Gelächter].«

»Ich versuche keineswegs, dir Fallen zu stellen.«

»Das musst du auch nicht, das mache ich schon selbst [Gelächter]. Ich dachte wirklich an jede Form von kreativem Schreiben, vor allem, weil mich Schreiben sehr interessiert und ich es dennoch so selten tue. Kann die Tätigkeit des Schreibens selbst hilfreich sein, um die persönliche Fähigkeit zu channeln zu steigern? Um dadurch zum Beispiel mit ... mit einer anderen Dimension in Kontakt zu kommen?«

»Meditation fördert die Fähigkeit zu channeln.«

»Ich verstehe.«

»Es gibt aber noch andere Aktivitäten, die an sich bereits kreativ sind. Sie umfassen eine weite Palette und können von Schreiben über Malen und Gartenarbeit bis zu Töpfern reichen. Somit kann in jede Aktivität, an die wir offen herangehen, ein wenig Inspiration einfließen. Wichtig dabei ist nur, dass du es auf natürliche Weise geschehen lässt. Die meisten Menschen, die ihre Kreativität fördern wollen, behindern sich selbst, indem sie ein Wunder erwarten. Genau diese Erwartungshaltung schränkt jedoch deine Kreativität ein. Dasselbe gilt für jeden Job oder sonstige Aktivitäten, die du verärgert, ohne das nötige Selbstbewusstsein, gelangweilt oder entmutigt beginnst. Auch damit schließt du die Tür zu Kreativität.
Das heißt also, du musst regelmäßig und diszipliniert arbeiten – entweder mit einem Freund oder allein; nach einiger Zeit wirst du merken, wie sich Aktivität entwickelt. Bei den meisten Menschen geschieht dies in einer Weise, die sie befähigt, Zugang zu ihrer Intuition zu finden. Es sollte auf jeden Fall in offener, liebevoller und angenehmer Weise vonstatten gehen. Beantwortet dies deine Frage?«

»Ja, aber da ist noch immer etwas, das ich nicht verstehe. Wenn ich irgendeine kreative Tätigkeit ausübe wie Gartenarbeit, Kochen oder Schreiben ... kann das tatsächlich in Channeln übergehen?«

»Ja.«

»Mit anderen Worten: Es ist mehr oder weniger dasselbe. Das ist meine eigentliche Frage. Was auch immer ich tue, kann meine Fähigkeiten zu channeln steigern?«

»So ist es, mein Sohn. Hat es nicht auch einen kreativen Aspekt an sich, wenn du an deinem Computer Objekte entwirfst?«

»Ja, natürlich.«

»Und ist es nicht befriedigend, weil es deine kreative Seite stimuliert? Damit will ich Folgendes sagen: Mir erscheint es überaus wichtig, dass jeder Mensch einer Tätigkeit nachgeht, die seine Kreativität stimuliert, denn in dieser Stimulation liegt bereits Erfüllung. Und wenn jemand zufrieden ist, braucht er weder Gewalt noch Aggression, noch Krieg, einfach weil er inneren Frieden gefunden hat. Denke über diese Antwort nach.«

»Meinst du, dass wir den anderen Bewusstseinsebenen viel näher sind, als wir glauben, und dass wir von diesen viel mehr aufnehmen und mit diesen stärker verschmelzen als ...«

»Ja, ja, ja, ja! [sehr enthusiastisch]. Dies ist das Kernstück meiner Lehre: dass diese Bereiche spirituellen Bewusstseins allen offen stehen und dass sie nicht irgendwo ›dort draußen‹ sind. Sie sind hier, direkt um dich, und je stärker du sie in dein Wesen integrierst, desto zufriedener und sehender wirst du. Genügt dir diese Antwort?«

»Ich glaube, es genügt bereits anzuerkennen, dass wir von Kräften und Wesen umgeben sind, die uns in der einen oder anderen Weise helfen. Damit stehen unsere Chancen bereits viel besser, Unterstützung zu erhalten.«

»Uns alle umgibt ein Universum von Energie, und darin existieren Milliarden von Geistern, die auf der Suche sind, die vorwärts streben, sich weiterentwickeln, das Licht sehen und gegen den Schatten ankämpfen. All diese Wesen besitzen das große Geschenk des freien Willens. Wenn du in einen physischen Körper eintrittst und deine Lebensreise beginnst, hast du in Wirklichkeit die Wahl, nach dem Licht oder nach dem Schatten zu suchen. Wenn du also von all den Wesen sprichst, die einen Menschen umgeben, so hängt es von deiner Motivation und deiner Absicht ab, welche Energien du anziehst und mit wem du Kontakt schließt. Wenn du nach persönlicher Macht oder Macht über andere strebst, andere oder dich selbst verletzen willst oder dich gegen das Universum Gottes verschließt, dann gibt es auch dafür Energien in deinem Umfeld, die dieses Bedürfnis stillen können.

Es wäre ein Fehler anzunehmen, dass du nur von Licht umgeben bist; denn was es hier unten gibt, das existiert auch dort oben – und umgekehrt. Eines kann ich jedoch mit aller Deutlichkeit sagen: Wenn es dein höchstes Ziel ist, bedingungslose Liebe zu suchen und zu schenken, und du dies auf disziplinierte und wissende Weise tust, wirst du jene Schönheit und auch jenen Widerhall in deinem Inneren und um dich finden. Und du wirst in deiner persönlichen Entwicklung mit erweitertem Verständnis und tieferem Mitgefühl voranschreiten ...«

H-A

Erfahrungen mit dem Channeln

Im Folgenden möchte ich einige Erfahrungsberichte mit dem Channeln anführen, um aufzuzeigen, wie Channeln helfen kann, innere Blockaden zu überwinden und Kreativität in einer Weise zum Fließen zu bringen, welche die Lebensqualität erhöht.

Der erste Bericht stammt von Niels, dem Generaldirektor eines Unternehmens, das für verschiedene Regierungen Wirtschafts- und Industriestrategien entwickelt. »Ich habe im selben Jahr an dem Channeln-Kurs teilgenommen, in dem ich auch meine Heiler-Ausbildung am College of Healing abschloss«, erzählt er. »Damals habe ich außerdem nach zehn Jahren im selben Unternehmen meine Stellung aufgegeben und eine eigene internationale Beratungsfirma gegründet.

In all diesen Bereichen hat mir das Training im Channeln geholfen, mich meinem inneren Wissen und meiner Intuition zu öffnen und meine Fähigkeit zu stärken, wirklich zu verstehen, wie andere Menschen die Dinge wahrnehmen. Dadurch fällt es mir heute um vieles leichter, Entscheidungen zu treffen.

Vor allem hat mir das Channeln jedoch geholfen, den Strom des Lebens besser zu ›fühlen‹ und mich ihm hinzugeben. Das war der wertvollste Schritt in meiner spirituellen Entwicklung.«

Ein weiterer Bericht stammt von Alison, die zu Beginn dieses Jahres an einem Channelling-Kurs teilnahm. Beim dritten Blockseminar des Kurses fiel mir auf, dass sie sehr aufgeregt war. Am ersten Tag traf sich die Gruppe nach dem Abendessen, um über ihre Erfahrungen nach dem zweiten Kursteil zu sprechen. Als die Reihe an Alison kam, berichtete sie der Gruppe aufgeregt: »Ich habe entdeckt, dass ich malen kann!« Daraufhin zeigte sie einige Beispiele ihrer Arbeit, die wirklich sehr beeindruckend waren, vor allem für den ersten Versuch eines Anfängers. Diese Entdeckung hatte ihrem Leben eine völlig neue Erfahrungsdimension eröffnet.

Als Nächstes möchte ich Peter erwähnen, einen Wirtschaftsberater. Er berichtet: »Durch das Channeln habe ich mir eine persönliche Quelle des Wissens, der Einsicht und der geistigen Führung erschlossen, der ich vertrauen kann. Es hat meinen Veränderungsprozess beschleunigt und bringt mir sowohl im Privatleben als auch im Geschäftsleben Erleichterungen. Außerdem fühle ich mich als Mensch wesentlich ausgewogener.«

Ich habe auch mit einigen Schriftstellern gearbeitet, die an einer Schreibblockade litten. Eine derartige Blockade kann auftreten, wenn ein Autor nach einer Reihe von Büchern oder Drehbüchern ein emotionales Trauma erlebt, wie etwa den Verlust des Partners. Es ist, als würde der Schock den kreativen Fluss unterbrechen, so dass der Betroffene keinen Zugang mehr findet zu neuen Ideen. Das Channeln kann helfen, diese geschlossene Tür wieder zu öffnen, die Barriere zu durchbrechen und die Kreativität wieder zum Fließen zu bringen. Manchmal fließt sie dann sogar in eine andere Richtung, so dass ein Schriftsteller zum Beispiel zu malen beginnt, oder ein Künstler plötzlich Poesie verfasst.

Hier nun eine Zusammenfassung, wie sich das Channeln auf verschiedene Personen ausgewirkt hat:

- Verlust des inneren Gleichgewichts,
- Selbstzweifel,
- Auseinandersetzungen mit Menschen, die Sie für verrückt halten,
- das Gefühl, die Kontrolle verloren zu haben,
- das Gefühl von Unwissenheit,
- körperliche Probleme,
- Beziehungsprobleme,
- das Gefühl von Einsamkeit,
- Angst vor Täuschungen,
- gesteigerte Sensitivität,
- überströmendes Glücksgefühl,
- erweitertes Bewusstsein,
- Liebe und innere Ruhe,
- Vertrauen und Frieden.

11 Der Kontakt zu anderen Bewusstseinsebenen

»*Der wahrlich Bescheidene hat bereits seine eigene Verletzlichkeit kennen gelernt.*«

H-A

In jenem veränderten Bewusstseinszustand, den Sie durch meinen behutsamen, aber strukturierten Zugang zum Channeln erreichen, werden Sie Kontakt zu Teilen des Unbewussten schließen, die uns üblicherweise nicht offen stehen. Dadurch gelangen wir möglicherweise zu Kommentaren oder Antworten, von denen wir tief in unserem Inneren wissen und verstehen, die uns in unserem normalen Bewusstseinszustand jedoch nicht zugänglich sind. Bereits dies kann uns wertvolle intuitive Gedanken zu Problemen des täglichen Lebens liefern und uns helfen, unseren Geist umfassender und wirkungsvoller zu nutzen.

Durch unser Unbewusstes sprechen die höher entwickelten Teile unseres Wesens, also unser Höheres Selbst, zu uns. Dies kann durch Träume geschehen oder durch Augenblicke der Erkenntnis und des inneren »Wissens«. Unsere Intuition verbindet dann diese Gedanken mit dem Bewusstsein. Beim Channeln ist es daher möglich, dass wir Informationen und Inspiration von unserem eigenen Höheren Selbst erhalten. Dies ist ebenfalls eine gültige Form des Channelns.

Wir können jedoch auch über die Grenzen unseres eigenen Wesens hinausgehen und höhere, weisere Bewusstseinsebenen erreichen. Durch die gewinnen wir dann einen breiteren Überblick, weil sie sich nicht in inkarniertem Zustand befinden. Es kann jedoch auch sein, dass ein bedeutendes Wesen den Wunsch hat, durch uns und mit uns zu kommunizieren. Dies ist unser persönlicher Geistführer. Wenn wir im sensitiven Bereich arbeiten wollen, ist es daher notwendig, einen guten Kontakt zu diesem Wesen zu haben, da es uns in unserer Arbeit unterstützen und zur Seite stehen wird.

Unser persönlicher Geistführer

Jeder von uns hat einen persönlichen Geistführer, der mitunter auch als Schutzengel bezeichnet wird. Üblicherweise handelt es sich bei diesem Helfer um einen Geist, der bereits einmal in einem physischen menschlichen Körper gelebt hat und nun einem anderen inkarnierten Geist, wie etwa Ihnen oder mir, zur Seite stehen will. Dieser persönliche Geistführer schließt sich uns im Augenblick der Empfängnis an und verlässt uns im Augenblick des Todes. Er ist jedoch nicht hier, um unser Leben für uns zu leben, sondern um uns zu unterstützen und sich um uns zu kümmern, während wir wachen und – noch intensiver – während wir schlafen. Denn dann kann sich der Geist vom Körper lösen und die verschiedenen Existenzebenen erforschen. In diesem Zustand, der als »Astralreise« bezeichnet wird, sind wir besonders verletzlich ohne den externen Schutz, den uns unser persönlicher Geistführer bietet. Einige Menschen entwickeln die Fähigkeit, auch bei vollem Bewusstsein Astralreisen unternehmen zu können. Dies liegt jedoch jenseits des Schutzes, den Geistführer üblicherweise bieten, und kann durchaus gefährlich sein. Deshalb rate ich davon ab.

Wenn es Ihnen »einfach passiert«, dass Sie Ihren Körper in dieser Weise verlassen, sollten Sie anschließend die Erdungsübung ausführen, um mehr Kontrolle über die subtileren Ebenen Ihres Wesens zu erwerben.

»Du sagst, dass jeder von uns einen Schutzengel hat, der ihm während dieses Lebens zur Seite steht und schützt. Wenn ich nun zu channeln beginne, wäre es dann hilfreich, Kontakt zu meinem Schutzengel aufzunehmen, und wenn ja, wie erreiche ich dies?«

»Dein Schutzengel schließt sich deinem physischen Körper im Augenblick der Empfängnis an und verlässt ihn im Augenblick des Todes. Er soll dir Unterstützung bieten und ist bei dir, um dir zu helfen, wann immer du diese Hilfe benötigst. Er schützt dich sogar, während du schläfst und sich dein Körper wie eine Batterie neu auflädt. In diesem Zustand bist du besonders verletzlich, weil auch dein Geist den Körper verlässt, um sich neu aufzuladen. Dann ist dein Schutzengel bei dir, um dich zu schützen. Allen, die zu channeln beginnen wollen, rate ich zu ihrem eigenen Nutzen, sich ihres Schutzengels bewusst zu werden, oder ihres ›persönlichen Geistführers‹, wie ich ihn lieber bezeichne.

Um mit ihm Kontakt aufzunehmen, musst du ihn nur auffordern, sich dir zu erkennen zu geben. Die meisten persönlichen Geistführer können ihre Aufgabe wirkungsvoller und liebevoller ausüben, wenn sie eine engere Verbindung zum Geist der beschützten Person haben. Wenn ihr also eine Beziehung zwischen euch beiden aufbaut, wird das Ergebnis bedeutend erfolgreicher sein. Und wenn du einen Zustand erreichst, in dem du durch das Channeln über die Ebene deines persönlichen Geistführers hinaus Kontakt zu anderen Bewusstseinsebenen schließen willst, wird er dir in deinem Streben zur Seite stehen.

Ich darf jedoch anfügen, dass es für das Channeln keineswegs notwendig ist, sich seines persönlichen Geistführers bewusst zu sein. Es ist lediglich eine Unterstützung und ein sehr nettes Erlebnis sowohl für die jeweilige Person als auch den persönlichen Geistführer; für das Channeln selbst ist es jedoch nicht erforderlich. Viel wichtiger für das Channeln ist die Tatsache, dass du dir einer anderen Bewusstseinsebene jenseits deines Wesens bewusst wirst.«

H-A

»Danke.«

Wenn Ihnen dieser persönliche Zugang gelingt und Sie sich Ihres Geistführers bewusst werden, sollten Sie mehr über ihn herauszufinden versuchen. Fühlt es sich an, als wäre er männlich oder weiblich? Jung oder alt? Mit welchem Teil der Erde identifiziert er sich? Hat er einen Namen? Wenn ja, wie lautet er? Vereinbaren Sie ein Symbol oder ein anderes Erkennungszeichen, durch das Sie ihn immer identifizieren können. Bemühen Sie sich wirklich, ihn kennen zu lernen, aber *erwarten Sie keineswegs*, dass es Gott ist!

Wohin wird das Channeln Sie führen?

Ich habe öfters Menschen getroffen, die meinten, nachdem sie erstmals zu channeln versucht hatten: »Eine wirklich interessante Erfahrung, aber ich weiß nicht, wohin es mich führt.« Ein halbes oder ganzes Jahr später, wenn sie tatsächlich Kontakt geschlossen hatten, sagten sie dann: »Wirklich außergewöhnlich, was mir seitdem alles im Leben passiert ist.«

Im Bereich der Psyche kann dieses »Loslassen« mithelfen, schwelende emotionale Probleme zum Vorschein zu bringen und Lösungen zu finden. In unserem Leben verstricken wir uns allzu leicht, so dass wir keinen Schritt vorankommen. Dann kann ein klarer, intuitiver Kontakt zu unserem Höheren Selbst oder unserem persönlichen Geistführer eine bedeutende Hilfe darstellen, die Lage klären und uns sicher durch unruhige Gewässer führen. Ich frage mich oft, wie viele Menschen, die psychotherapeutische Hilfe oder Persönlichkeitsberatung in Anspruch nehmen, ihren persönlichen Entwicklungsprozess durch das Channeln beschleunigen könnten. Meiner Erfahrung nach müssten es eine ganze Menge sein.

Es gibt keine fixen Regeln, wie das »Bewusstwerden« erfolgt – Sie werden es auf Ihre persönliche, einzigartige Weise erleben. Daher ist es immer nützlich, seine Erfahrungen mit denen anderer zu vergleichen, um daraus weitere Ideen und neue Blickwinkel zu erhalten.

Initiation – wie man den Geist auf eine neue Bewusstseinsebene hebt

»Heute würde ich meine Gedanken gerne auf den Begriff ›Initiation‹ konzentrieren, ein Wort, das man in der Vergangenheit häufig verwendete – und das man heute vielleicht besser meiden sollte. Dies hängt jedoch davon ab, was du unter dem Begriff verstehst. Ich muss betonen, dass das Leben im physischen Körper mit einer Reihe von Initiationen verbunden ist. Diese Initiationen basieren auf dem Verständnis und der Weisheit deines individuellen Höheren Selbst.

Eine der größten Herausforderungen des menschlichen Lebens im physischen Körper stellt die ›Zeit‹ dar, denn sie führt zu ›Ungeduld‹: ›Ich muss zu einer bestimmten Zeit an der Ecke sein‹; ›Ich muss diesen Lebensstandard erreichen, sonst bin ich ein Versager‹. Im Leben sollte es jedoch nicht um Versagen gehen und ebenso wenig um Erfolg. Es sollte darum gehen, ›Erfahrungen‹ zu sammeln; und je weiter du dich deinem inneren Wesen öffnest und ihm gestattest, zu fließen und sich mit den universellen Energien zu vereinen, desto weniger schmerzhaft werden diese Initiationen sein. Schmerzvoll werden sie nur, weil wir etwas erwarten, etwas fordern, und wir fordern, weil wir uns nach etwas sehnen.

Jeder Tag deines Lebens gleicht dem Sonnenaufgang am Morgen, der neue Hoffnung bringt, neues Licht, eine neue Vision, die deine Sehnsüchte stillt. All das hilft dir, dich zu entwickeln und die universellen Rhythmen besser zu verstehen, die jenseits der Rhythmen des physischen Lebens liegen. Es ist nicht leicht, diese universellen Rhythmen zu verstehen, weil sie Frequenzen ähneln, die widerhallen, und dieser Widerhall kann deinem Geist eine neue Perspektive eröffnen, ihn auf eine neue Bewusstseinsebene heben.

Das verstehe ich unter Initiation. Das ist etwas ganz anderes, als zu einem bestimmten Zeitpunkt an einer bestimmten Ecke zu sein, oder Ähnliches mehr. Und es hat auch nichts mit Leiden, um des Leidens willen zu tun. Eure gesamte Kultur ist auf derartigen Prinzipien aufgebaut.

Mit dem Eintritt in das neue Bewusstsein, welches das Zeitalter des Wassermannes mit sich bringt, stellen sich uns vollkommen neue Werte vor – Werte, die mit deinem eigenen inneren Wesen in Beziehung stehen und mit deiner Art, dich im Leben weiterzuentwickeln. Du wirst also dein Leben betrachten, es überdenken und begreifen, dass es sich in einer Geschwindigkeit entwickelt, die dir angemessen erscheint. Dabei musst du die Geschwindigkeit, in der du dich entwickelst, auch tatsächlich akzeptieren. Wenn du dir im Augenblick die Fragen stellst: ›Warum habe ich das getan? Warum stecke ich hier fest? Warum habe ich das nicht schon früher gemacht? Warum habe ich diese Person überhaupt kennen gelernt? Was erwarte ich von anderen?‹ – und schlimmer noch – ›Was erwarte ich von mir?‹, dann sabotierst du dich selbst. Nun ist es mein Privileg, dich an diesen Saboteuren vorüberzuführen, denn in meiner Welt existieren sie nicht.

Meine Welt besteht aus universellen Rhythmen – ihnen kannst du mit jenen festgefahrenen Erwartungen und deiner Weigerung, Dinge einfach zu akzeptieren, widerstehen, oder du kannst dich ihnen anschließen und dir gestatten, voranzuschreiten, dich zu entfalten, Freude zu empfinden und zu begreifen, dass alles, was ist und war, Bedeutung und Gültigkeit hat. Du kannst begreifen, dass alles, was dir derzeit in deinem Leben schwierig erscheint, eine wichtige Herausforderung für dich ist. Versuche nicht, diese Herausforderungen zu manipulieren; damit erlangst du nämlich keineswegs die Kontrolle über sie, sondern du machst dich nur zum Narren. Um dein Leben zu meistern, musst du es anerkennen und verstehen. Du musst dir seiner bewusst sein und es einfach zulassen. Dieses Bewusstsein und das Zulassen bedeuten nichts anderes, als dass du dein gesamtes Leben von starren Haltungen befreist. Raffe dich auf zu der Aussage: ›Ich habe keine Angst mehr. Ich muss keine Angst haben. Angst verschlingt mich bloß, hält mich von Wichtigem ab, sabotiert mich.‹

Vielleicht glaubst du, dass ich Normen festlege, die dir undurchführbar und unerreichbar erscheinen. Alles ist möglich, sofern du dir selbst gestattest, diesen Quantensprung zu unternehmen. Es ist kein Sprung in die Dunkelheit; nicht einmal ein Sprung über dein Wesen hinaus. Es ist lediglich ein Sprung aus deiner Starre hinaus.

Ihr alle habt dieses Leben gewählt, weil es euch die Möglichkeit und die Herausforderung bietet, genau das zu tun. Und ihr werdet gewiss nicht scheitern. Es gibt kein Versagen. Alles geschieht in eurem Geist. Freiheit ist ein Geisteszustand, kein Daseinszustand. Ihr könnt diese Freiheit genießen, sie erleben, ausüben, anderen davon erzählen. Die Wunder, die ihr selbst schafft, meine Freunde, sind die einzigen, die es gibt. Denn kein Geist der Weisheit wird Wunder vollbringen, sofern ihr nicht bereit seid, sie selbst zu erschaffen oder sie zu empfangen.

Wenn ihr für euch selbst eintretet und sagt: ›Ich werde so nicht weitermachen. Ich werde meine Starre überwinden, meine eigene Persönlichkeit entwickeln, mein Leben auf meine Weise führen, mit bedingungsloser Liebe und der dankbar empfangenen Unterstützung meiner Mitlebewesen‹, dann wird es auch geschehen. Denn dann stimmt ihr euch ein auf jene universellen Rhythmen, jene göttliche Energie, die euren Geist erhöht, über eure Sehnsüchte und Begierden hinausträgt und euch die Möglichkeit eröffnet, den Grundstein zu legen für den nächsten Schritt auf dem Pfad eurer Entwicklung.

Ihr müsst aufstehen und etwas unternehmen, denn ihr seid mit einer bestimmten Mission in dieses Leben gekommen. Jeder von euch hat einen spirituellen Auftrag erhalten, und lasst es mich ganz deutlich sagen: Unter spirituellem Auftrag verstehe ich sicher nicht, dass ihr einen Berg besteigen und euch auf dem Gipfel niederlassen sollt [Gelächter], oder besser gesagt auf zwei Gipfeln [heftigeres Gelächter], denn bei meinen Bergen handelt es sich darum, die Freude und das Staunen über eure Erfahrungen in einem physischen Körper anzuerkennen. In der Spiritualität geht es um Vollständigkeit, um Ganzheit und um Verzeihen, und nicht darum, ›Recht‹ zu haben und alle Antworten zu wissen, denn es gibt keine Antworten. Es geht darum, jene innere Wärme anzuerkennen und zu sagen:

›Ich bin bereit für den nächsten Schritt! Ich weiß, dass ich hier auf diesem Planeten Teil einer gemeinschaftlichen Energie bin, die den Planeten befähigt, von einem Zeitalter in das andere voranzuschreiten. Ich habe mich für dieses Leben entschieden, um Teil dieser gemeinschaftlichen Energie zu sein. Nun habe ich die Wahl. Ich kann Teil dieser Energie werden, oder ich kann mein eigenes Kanu steuern.‹

In dieser Frage gibt es keine ›richtige‹ Entscheidung, und ihr erwerbt auch keine Bonuspunkte, wenn ihr versucht, jene Entscheidung zu treffen, die euch ›richtig‹ erscheint. Denn ihr werdet Weisheit und Verständnis gewinnen, wofür auch immer ihr euch entscheidet.

Wenn ihr euch jedoch für den ›oberen Weg‹ entscheidet, also die Zügel ergreift, um die Herausforderung anzunehmen, verspreche ich euch einen reichen Schatz an Erfahrung, Verständnis und persönlichem Erleben. Ihr werdet fähig sein zu erkennen, welche wundersame Möglichkeit das Leben in diesem physischen Körper in Wirklichkeit darstellt. Ergreift die Zügel mit beiden Händen! Haltet sie fest und lasst zu, dass sie euch in die höhere Weisheit des Universums führen.

Vertraut. Vertraut euch selbst und vertraut auf das, weshalb ihr hier seid. Schenkt Liebe, liebt euch selbst und alle um euch. Befreit euch von euren inneren Saboteuren und strebt vertrauensvoll vorwärts in dem Wissen, dass euch an jeder Ecke Schönheit, Weisheit und Verständnis erwarten. Seid Teil dieser universellen Rhythmen.«

H-A

12 Zweifel sind wichtig

»*Der Augenblick, in dem du deine eigene Wichtigkeit entdeckst, ist der Augenblick, in dem du sie verlierst.*«

H-A

Es gibt keinen einzigen Channeller, der nicht an dem zweifelt, was er während des Channelns erlebt. Wenn jemand behauptet, keine Zweifel zu hegen, sollte man beginnen, seine Ergebnisse infrage zu stellen. Meist ergeben sich folgende Fragen:

– Bin ich wirklich am Channeln?
– Ist das nicht nur meine Fantasie?
– Ist ein Geistführer oder ein anderes führendes Wesen anwesend?
– Warum gerade ich?

Einerseits ist es wichtig, kritisch zu bleiben, andererseits müssen Sie aber auch Vertrauen in den Vorgang haben.

Der Saboteur

Es ist nützlich zu begreifen, warum diese Zweifel notwendig sind. Das Ganze ergibt sich aus unserem evolutionären Wachstum: Wenn die positive Seite von uns wächst, entwickelt sich auch die negativere Seite. Diese Art von Wachstum stellt für unseren Status quo eine Herausforderung dar. Jede Form von Veränderung kann Angst hervorrufen. Und wenn Sie plötzlich erkennen, dass eine ganz neue Seite Ihrer Persönlichkeit zu Tage tritt, kann dies in höchstem Maß herausfordernd sein. Vor allem, weil viele Menschen diese Seite Ihres Wesens fürchten oder einfach nicht akzeptieren.

Daher müssen wir lernen, mit dieser neuen Situation umzugehen. Sie werden die suchende, Kraft spendende Seite Ihres Wesens erforschen, ebenso wie den zwanghaften Saboteur in Ihnen, der sich gegen jede Veränderung in Ihrem Leben und die damit verbundene Verantwortung zur Wehr setzt. Daher sollten Sie stets die Augen offen halten, um diesen Saboteur zu erkennen.

Er kann überaus überzeugend sein und viele Mittel finden, um Ihren Fortschritt zu verzögern oder vollkommen zu stoppen. Zu seinen Methoden zählen Gefühle wie Ungläubigkeit, Ungeduld, die Auseinandersetzung mit neuen, widersprüchlichen Emotionen, mit bislang unbekannten Erschöpfungszuständen und Ähnliches mehr.

Am effektivsten ist der Saboteur, wenn er die Polarität zwischen der rechten Gehirnhälfte/Ihrer fantasievollen Seite und der linken Gehirnhälfte/Ihrer logisch-analytischen Seite verstärkt. Denken Sie immer daran, dass es diese Auseinandersetzung gibt, und bleiben Sie geistig aufgeschlossen. Vertrauen Sie auf Ihre Wahrnehmung und Ihre Skepsis, aber lassen Sie sich nicht davon kontrollieren. Durch diese Art der Offenheit werden Sie erkennen, dass Sie Ihre Zweifel mitunter benötigen, um das Tempo etwas zu verringern, wodurch Ihre Versuche zu channeln, insgesamt beständiger und wirkungsvoller werden.

Veränderungen auf allen Ebenen

Ihre Persönlichkeit und auch Ihr Stoffwechsel müssen sich allmählich auf die subtilen Veränderungen einstellen, die mit der Entwicklung zum Channeller einhergehen. Möglicherweise tauchen plötzlich Probleme in Ihrem Alltagsleben auf, die Ihre Aufmerksamkeit benötigen. Durch die Erhöhung der Schwingungen in Ihrem Inneren können Disharmonien an die Oberfläche gelangen, mit denen Sie sich auseinander setzen müssen. Hierbei kann es sich sowohl um körperliche als auch emotionale Unausgeglichenheiten handeln.

Auf der psychischen Ebene ist es zudem wichtig, dass sich der Wandel in einer angenehmen Geschwindigkeit vollzieht, nicht forciert wird und nicht unter Belastung erfolgt. Wenn eine psychische Veränderung zu schnell abläuft, ist es möglich, dass Energieströme ungeregelt durch Sie hindurchschießen und Ihr Chakrensystem aus dem Gleichgewicht bringen. Zudem können sie sich im Stirnchakra als langfristiger körperlicher Schmerz bemerkbar machen.

Wenn Sie zu schnell und zu viel channeln, kann dies zu einem psychischen »Burnout« führen, der Sie auf allen Ebenen schwächt. Ihr Nervensystem wird womöglich angegriffen, was eine nervöse Erschöpfung zur Folge hätte. All diese Auswirkungen nähren nur die negative Seite Ihrer Zweifel.

Beginnen Sie daher mit dem Channeln zurückhaltend, indem Sie sich auf einmal pro Woche beschränken. Die verschiedenen Seiten Ihres Wesens werden dann von selbst allmählich und harmonisch das Tempo beschleunigen. Vergessen Sie nicht: »Wenn der Schüler bereit ist, öffnet sich die Tür.«

Verlangen Sie einen Beweis

Ein Teil Ihres Wesens wird immer einen Beweis fordern, und wenn es Ihnen gelungen ist, Kontakt zu einem Geistführer herzustellen, erwarten Sie vielleicht bei jedem Channeln ein Wunder oder eine andere weltbewegende Enthüllung. Echtes Channeln hat damit jedoch nichts zu tun. Es fördert lediglich die allmähliche Entwicklung Ihres inneren Wesens und Ihrer kreativen Seite und eröffnet Ihnen mitunter eine Weisheit, die jenseits Ihres Wesens liegt.

Eine wundervolle Geschichte erzählt von einem frommen Mann, dessen Haus von einer Flut bedroht wurde. Als das Wasser das Erdgeschoss erreichte, betete er: »Gütiger Gott, ich habe dir mein ganzes Leben gedient und an dich geglaubt, bitte schütze und bewahre mich vor dieser Flut.«

In diesem Augenblick tauchte an einem im Erdgeschoss gelegenen Fenster ein Motorboot auf, und jemand rief: »Springen Sie herein, wir werden Sie in Sicherheit bringen.«

»Nein«, antwortete der Mann. »Ich brauche Sie nicht. Gott wird mich retten.«

Als die Flut weiter stieg, kletterte er auf das Dach und klammerte sich am Schornstein fest. In diesem Augenblick flog ein Hubschrauber über ihn hinweg, und der Pilot rief ihm zu: »Kann ich Ihnen helfen?«

»Nein«, antwortete der fromme Mann erneut. »Ich habe immer ein gottgefälliges Leben geführt, der Herr wird mich retten.« Fünf Minuten später schlug das Wasser über seinem Kopf zusammen, und er ertrank.

Als er die Himmelstür erreichte, war sie zu seiner großen Verwunderung geschlossen. »Was hat das zu bedeuten?«, fragte er Gott. »Ich war mein ganzes Leben ein guter Christ, bin regelmäßig zur Messe gegangen und habe immer meine Steuern bezahlt. Warum hast du mich nicht gerettet?«

Gott sah ihn mitfühlend an und sagte: »Ich habe dir ein Motorboot und einen Hubschrauber geschickt, aber du hast mich zurückgewiesen.«

Sie sehen also, dass mitunter eine einfache Botschaft, die wir von einer anderen Person erhalten, die eigentliche Hilfe darstellt, die zu einer Offenbarung werden kann. Andererseits haben wir durch diese Geschichte erfahren, dass ein ichbezogenes Gefühl von Wichtigkeit zum sicheren Untergang führt. Sowohl blinder

Glaube *als auch* die ständige Forderung nach einem Beweis können unseren Blickwinkel so einschränken, dass wir nicht mehr richtig sehen und unser Ego die Möglichkeit erhält, die Kontrolle zu übernehmen. Deshalb müssen wir in unserem Zugang immer bedingungslos und aufgeschlossen, aber dennoch diszipliniert sein.

Wenn wir aus ichbezogenen Motiven channeln, kann dies höchst gefährlich sein, weil wir uns dadurch eine Wichtigkeit zuschreiben, der es an wahrer Demut und Verständnis fehlt. Wie wir bereits wissen, ziehen wir genau das an, was wir ausstrahlen. Wenn wir also von der Maxime ausgehen, dass das übertriebene Ego eines Channellers einen ichorientierten Geist anzieht, der dem Ego des Zuhörenden gefällig sein wird, dann ist dies bereits der Beginn einer gefährlichen Rutschfahrt in die Tiefe. Sie kennen derlei Sprüche: »Tue, wie ich es dir auftrage, dann wirst du schon bald Herr über andere sein, finanziellen Erfolg haben, ein bedeutender Heiler werden!«

Nur mit einem aufgeschlossenen Geist, der hinterfragt, finden wir das richtige Gleichgewicht, um Schritt für Schritt voranzukommen.

Fantasie?

Wir müssen uns auch mit dem folgenden Argument auseinander setzen: Ist das alles nur ein Ergebnis meiner Fantasie? Was ist Ihre Fantasie? Albert Einstein, einer der größten Wissenschaftler dieser Welt, sagte einmal: »Fantasie ist wichtiger als Wissen.« Durch Ihre Fantasie stellen Sie die Verbindung zu anderen Bewusstseinsebenen und anderen Erfahrungsuniversen her. Im Grunde befähigt Sie Ihre Fantasie, *sensitives Bewusstsein* zu entwickeln und die Materie zu überwinden; deshalb spricht Ihr Geistführer oft durch Ihre Fantasie zu Ihnen. Nur weil Sie glauben, dass Ihre

Gedanken lediglich Spiegelbilder Ihrer Fantasie sind, heißt das noch lange nicht, dass sie nicht gültig sind.

Ihre Zweifel sind wichtig, denn sie versuchen, Ihnen zu helfen. Nutzen Sie sie daher als positive notwendige Motivation, um als Channel kritischer zu werden. Ich persönlich habe nicht nur im sensitiven Bereich jede Menge Zweifel erlebt, sondern auch was mein Selbstwertgefühl angeht. Heute bin ich dankbar für diese Zweifel, weil sie mich über Wasser gehalten haben und mir die Möglichkeit eröffneten, Vertrauen in meine Tätigkeit als Channel aufzubauen, indem sie mir zeigten, dass diese nicht auf ichbezogenen Überlegungen basierte. Ich muss jedoch auch heute noch wachsam sein. Daher: Ein Hoch auf Ihre Zweifel!

Eine Reise ins Unbekannte

»H-A, alles, was ich in den letzten Wochen erlebt habe, hat mich zwar etwas zittrig gemacht, gleichzeitig habe ich mich aber sehr stark und befreit gefühlt, wie bei einem Neubeginn. Du hast uns schon einmal gesagt, dass es gut für uns sei, geduldig zu sein, zuzuhören, uns selbst zu lieben, uns zu brauchen, wirklich wir selbst zu sein, und dass uns die Angst vor Weiterentwicklung hemmen wird oder dass wir sogar zurückgezogen werden, wenn wir nicht voranschreiten wollen. Ich würde gerne weitergehen, denn obwohl ich Angst habe, fühle ich mich auch stark. Wenn ich deinen Rat befolge, werde ich dann Antworten erhalten, weil ich sie nicht selbst in meinem Kopf bedenken will?«

»Ich glaube, dass du tief in deinem Inneren weißt, welchen Weg du einschlagen musst. Es ist kein einfacher Weg, weil dich diese Reise ins Unbekannte führt. Du bist nun in einer Lage, in der du kein Vertrauen mehr hast, und das ist sehr schwierig. Du musst also lernen, dir und deinen inneren Antworten wieder zu vertrauen. Es ist vermutlich dein stärkster und weisester Ratgeber.

Hierfür kannst du unterschiedliche Wege beschreiten, wobei dich jeder vor andere Entscheidungen stellt und dir andere Möglichkeiten bietet. Zunächst musst du jedoch anerkennen, dass deine eigenen Fähigkeiten wachsen, ebenso wie deine eigenen spirituellen Bedürfnisse. Und während du voranschreitest, musst du genau dies einfügen in das Bild jenes zukünftigen Lebens, das du dir wünschst. Es ist überaus wichtig, dass du dein zukünftiges Leben rund um diese spirituellen Bedürfnisse herum aufbaust. Sobald du das getan hast, fügt sich der Rest von selbst ein.«

H-A (Gilly)

»Du stehst im Begriff, einen neuen Stoff zu weben, und dazu muss man mitunter eine bestimmte Nadel wählen. Manchmal dauert es eine Weile, bis man die geeignete Nadel findet. Während du jedoch nach der Nadel suchst, wird das Bild von dem Stoff in deinem Kopf klarer. Dieser Zeitraum erlaubt dir, das Muster eingehender zu überdenken.

Du befindest dich nun genau in diesem Stadium und hast die Gelegenheit, darüber nachzudenken, wo du in deinem Stoff die hellen und dunklen Fäden platzieren willst. Denn ohne die dunklen Fäden würdest du auch die hellen nicht sehen, und umgekehrt. Wenn du jedoch zu schnell an das Muster herangehst, kannst du leicht die falsche Nadel wählen. Vielleicht nimmst du dann einen zu rauen Faden, der nicht mit den Farben harmoniert.

Wenn du daher ruhig in diesem Stadium verharrst und dir gestattest, die Nadel, den Faden und das Muster mit Bedacht auszusuchen, wirst du mit wahrer Kreativität arbeiten.

Es ist der Geist des Feuers, der es der Fantasie gestattet, von einer mächtigen Quelle aus auf der irdischen Ebene Fuß zu fassen. Wie du weißt, kann Feuer auch zerstören; doch selbst dann, schafft es fruchtbaren Boden für neues Wachstum. Du befindest dich inmitten des Prozesses von Zerstörung und Neuerschaffung. Dieses Zwischenstadium ist besonders wichtig, weil es die Geburtsstunde dessen ist, was du erschaffen wirst.

Die vom Feuer inspirierte Fantasie führt zu mehr Klarheit, weil Feuer den Blick schärft. Es trägt dazu bei, die Leidenschaft der Seele zu verbrennen und sie zu reinigen, so dass du eine klarere Sicht auf die Dinge erhältst.

Ich möchte dies jedem von euch sagen: Wenn die Hitze groß und intensiv genug ist, um zu verbrennen, werdet ihr eine Zeit besonderer Klarheit erleben. Vielleicht sind es nur kurze Augenblicke, dafür von intensivster Deutlichkeit. Seid gewahr, dass dies in der Luft liegt, dass es um euch ist, dass jeder von euch individuell die Möglichkeit hat, eine solche klare Vision zu erleben. Ich danke dir für die Frage.«

H-A (Gilly)

»Danke.«

13 Die Zukunft

> »*Ihr seid wahrlich privilegiert, dass ihr gerade in diesem großartigen Augenblick der Evolution der Erde inkarniert seid, an diesem Schnittpunkt zwischen Vergangenheit und Zukunft. Just in diesem Moment vollzieht sich nämlich eine bedeutende Bewusstseinsverschiebung, die durch den Übergang von einem Sonnenzeitalter in das nächste gekennzeichnet wird.*«
>
> H-A

Während wir die Schwelle zu einem neuen Millennium erreichen und überschreiten, nähern wir uns dem Eintritt in das Zeitalter des Wassermanns. Mehrere tausend Jahre lang wurde der Planet von einem übermächtigen Strom negativer Energie gehemmt, der Furcht, Schuld, sowie das Streben nach persönlicher Macht, nach Verbrechen und Vergeltung förderte. All diese Faktoren verhinderten, dass die zahlreichen positiven Aspekte der menschlichen Psyche in den Vordergrund traten.

Wie ich bereits erwähnte, verlassen wir nun das Zeitalter der Fische, in welchem tiefe Emotionen in lebhafter Weise in Kunst und kreativen Errungenschaften zum Ausdruck kamen, das aber gleichzeitig von Hierarchie, Autokratie und den starren, persönlichen Begierden einiger Weniger überschattet war. Die wichtigste Frage lautet: Können die Einflüsse des Zeitalters des Wassermanns für uns von größerem Nutzen sein?

Mit jedem Wechsel in ein neues Zeitalter eröffnet sich für den Planeten die Möglichkeit, das Gleichgewicht zwischen Licht und Schatten in unserer Evolution wiederzuerringen. Wir haben von H-A, der vielen Menschen geholfen hat, ihre eigene Ebene des Verständnisses zu finden, erfahren, dass die Energien des Lichts seit kurzem die Schattenseiten von Luzifer enthalten (in der Mythologie des Planeten versinnbildlicht der hl. Michael oder Mikaal das Licht und das Gute und Luzifer den Schatten und das Böse) und dass wir einem Zeitalter entgegensehen, in welchem die Menschheit und alle mit ihr in Verbindung stehenden Evolutionsformen imstande sein werden, sich in positiverer Weise weiterzuentwickeln.

Ich darf daran erinnern, dass das kommende Zeitalter keineswegs ein »Goldenes Zeitalter« ist, sondern lediglich eine Periode in der Geschichte des Planeten, in der andere Eigenschaften in den Vordergrund treten werden. Es wird ein Zeitalter des Geistes, der Selbstbefähigung und Eigenverantwortung, in dem Entscheidungen hauptsächlich auf der Basis der Übereinstimmung getroffen werden, im Gegensatz zu einer Diktatur. Vor allem wird es jedoch ein Zeitalter, in dem die Macht der Menschen wachsen wird. Das sind aufregende Aussichten. Dennoch müssen wir jedoch darauf gefasst sein, dass es bei der Errichtung einer neuen Ordnung und Disziplin auch zu Chaos kommen kann.

Channeln ist eine Aktivität, die gut in das Zeitalter des Wassermanns passt. Ich bin überzeugt, dass sich Channeln allmählich zu einer intuitiveren Aktivität entwickeln wird, die wir auf natürliche Weise spontan anwenden werden können, so dass es Teil unseres Bewusstseins wird und wir imstande sein werden, es in zahlreichen Aspekten unseres Lebens zu nutzen. Es wird für alle leichter zugänglich sein und somit eine größere Herausforderung darstellen, gleichzeitig aber auch mehr Möglichkeiten der Täuschung mit sich bringen. Doch ich vermute, das gehört nun mal zur menschlichen Natur. Wir werden durch die Auseinandersetzung mit dieser Dualität wachsen, und die Fähigkeit, uns als ganzheitliche Wesen zu betrachten, wird für uns zum Sprungbrett, um uns mit der Gottheit wiederzuvereinen, die uns geschaffen hat. Ungeachtet der Vorhersage der Propheten des

Untergangs, bin ich der Meinung, dass wir uns in der einzigartigen Lage befinden, den Schritt in eine Zukunft zu tun, in der wir vollständigere und erfülltere Menschen werden können.

»Wir sind in eine Ära der Extreme eingetreten: Extreme in der Religion, der Politik, im Denken; in ein Zeitalter, in dem die Wissenschaft nach Entwicklungsstufen Ausschau hält, die jenseits dessen liegen, was man noch vor 50 Jahren als nicht beweisbar betrachtet hätte; in ein Zeitalter, in dem später entwickelte Paradigmen das Newton'sche Modell usurpieren und ihm eine Richtungsänderung hin zu diesem intuitiven Aspekt der menschlichen Seele auferlegen, so dass die Menschheit ein starkes spirituelles Bewusstsein ausbilden kann. Diese Entwicklung ist bereits im Gange, und ich darf betonen, dass dieser moderne Zugang zum Channeln keineswegs Zufall ist. Er ist Teil eines bereits bestehenden Prozesses, der immer tiefer in das menschliche Bewusstsein vordringen wird. Die Botschaft, die ich durch diesen und andere Sensitive weitergeben konnte, ist Teil dieses Bildes.

Vor uns liegt eine faszinierende Zukunft, in der immer mehr Menschen auf diese Weise Zugang zu jenen höheren Ebenen finden werden. Allerdings betrübt und beunruhigt mich, dass dieser offenere und vielfältigere Zugang zu Spiritualität unvermeidbar zu Reaktionen in der christlichen Kirche führen wird. Nur zu gerne möchte ich erleben, dass jene Art von Inspiration, von der ich spreche und die von meinesgleichen weitergegeben wird, Teil des spirituellen Bildes wird, das die religiöse Bruderschaft zeichnet. Es macht mich traurig, mit anzusehen, dass die Vertreter der Kirche über Begriffe wie ›Neopaganismus‹ stolpern und sich fragen, in welcher Weise sich ein Land entwickeln kann, in dem eine Vielfalt spirituellen Gedankenguts existiert. Es ist betrüblich, wenn die Kirche nicht versteht, dass die gesamte Zukunft spirituellen Verständnisses auf diesem Planeten in der ›Einigkeit in Vielfalt‹ liegt, denn nur dadurch kann jedes Individuum sein eigenes Verständnis eines universellen Glaubens zum Ausdruck bringen. Letztlich führt das Verharren in alten Denkmodellen zu Spaltung und Polarität im Denken und Handeln.

Meiner Ansicht nach wären jene, die an diesen überholten Traditionen und Verhaltensmuster festhalten, bereit, den Stoff zu zerreißen, aus dem unsere Gesellschaft besteht. Wenn wir Frieden, den guten Willen aller Menschen und vereinte Bemühungen zur Realisierung dieser Vision anstreben, müssen wir den Glauben des anderen ehren. Denn wenn wir einen anderen verdammen, verdammen wir uns zugleich selbst.

Nun, da wir uns der Weihnachtszeit nähern, sollten wir mit bedingungsloser Liebe und der Bereitschaft zu verzeihen um uns blicken. Dies ist der geeignete Zeitpunkt, um das christliche Bewusstsein zu ehren. Dies ist auch der geeignete Zeitpunkt, um allen Glaubensrichtungen Respekt zu zollen.«

H-A im November 1996

»Die Welt steht vor der einzigartigen Möglichkeit, Erlösung zu finden. Jedoch keine Erlösung durch einen Gott oder eine Religion, sondern eine Erlösung durch die Allgemeinheit menschlichen Denkens.

Die Schule bereitet die Kinder darauf vor, das Erwachsenenalter zu erforschen und sich den aufregenden Herausforderungen zu stellen, die vor ihnen liegen. Wenn die Menschheit überleben will, muss sie in urteilsfreier, aufgeschlossener Weise an diese Herausforderungen herangehen.

Wir treten in ein Zeitalter ein, in dem jedes Individuum seine Verantwortung für sich selbst und jede andere Lebensform auf diesem Planeten anerkennen muss. Mit dieser Art von Offenheit und Respekt ist die Zukunft der Menschheit grenzenlos. Ohne sie, ist die Menschheit zum Untergang verdammt – durch ihren eigenen Mangel an Visionen und ihre Angst, von traditionellen Blickwinkeln abzuweichen.

Auf das Millennium und alles, was jenseits davon liegt!«

H-A

14 Antworten von H-A auf Fragen zum Channeln

»Ich bin, was ich bin – nicht mehr und nicht weniger.«
H-A

Der erste Teil dieses Kapitels enthält Botschaften von H-A, die er durch mich für eine Gruppe von Studenten durchgegeben hat.

»Guten Abend. Ich bin hier, um eure Fragen zu beantworten, doch bevor ihr mir die erste Frage stellt, möchte ich gerne eine Bemerkung zum Channeln machen. Als Teil der Evolution dieses Planeten besteht der Mensch aus verschiedenen Bewusstseinsebenen – vom physischen Körper, über den mentalen und emotionalen Körper, bis zu Seele und Geist, wobei die Letzteren aus dem Wesen jenes Gottes geschaffen sind, von dem ihr eure Motivation bezieht. Wenn ihr channelt, verknüpft ihr all diese Bewusstseinsebenen vom physischen Körper bis hin zum spirituellen und darüber hinaus. Im Prozess des Channelns greift ihr zurück auf die Ebenen eures eigenen höheren Bewusstseins, den spirituellen Teil eurer Göttlichkeit, und geht dann darüber hinaus, indem ihr andere Bewusstseinsebenen außerhalb eures Wesens kontaktiert.

Ich spreche als Wesen des Bewusstseins durch diesen Channel zu euch. Der Einfachheit halber kennt ihr mich als ›H-A‹, ich bin jedoch Teil einer Bewusstseinsgruppe, die sich über das Bedürfnis nach physischer Inkarnation hinaus entwickelt hat, entweder durch den Homo sapiens oder durch andere physische Inkarnationsformen auf dem Planeten Erde.

Einer der Vorteile für einen in einem physischen Körper inkarnierten Geist liegt darin, dass er das spirituelle Verständnis durch den physischen Bereich der Emotionen ausdrücken kann, was ihm auf keine andere Weise möglich ist.

Beim Channeln geht es nicht nur darum, zu vereinen, zusammenzubringen, Harmonieebenen in eurem eigenen Wesen zu finden, sondern auch darum, diese Ebenen des Bewusstseins und der Kommunikation zu nutzen, um jeden Aspekt eures physischen Lebens zu bereichern. Es vermag eure Kreativität auf eine neue Ebene zu heben oder aber in euer eigenes Wesen vorzudringen und Ebenen eines Mitgefühls und Verständnisses zu entdecken, von denen ihr nicht wusstet, dass ihr sie überhaupt besitzt. Ihr alle seid Kinder Gottes, und das Channeln kann euch helfen, den Gott in euch zu finden.

Jetzt bin ich bereit, eure Fragen zu beantworten.«

»H-A, du hast in deiner Einleitung bereits eine der Fragen beantwortet, die ich dir stellen wollte. Dennoch möchte ich dich bitten, noch ein wenig ins Detail zu gehen. Die Frage lautet: Welche Prozesse auf mentaler, emotionaler und physischer Ebene schaffen die richtigen Bedingungen, damit Channeln möglich wird?«

»Es geht um eine wunderschöne, sensitive Verknüpfung jedes einzelnen Teils deines Wesens, damit du zu innerer Harmonie findest. Dies ist nicht so einfach, wie es klingt, denn sobald du mit jedem Teil deines Wesens in Verbindung stehst, erhöht sich auch die Frequenz deines psychischen Stoffwechsels. Dadurch beschleunigt sich jeder einzelne Teil deines Wesens, was dazu führen kann, dass bestimmte Eigenschaften verstärkt zu Tage treten. Auf der emotionalen Ebene könnten tief liegende innere Blockaden aufbrechen, auch ein eventuell vorhandenes körperliches Leiden kann deutlicher zum Ausdruck kommen. Dein Verdauungsapparat wird bewusster und sensitiver funktionieren, du wirst deine Atmung deutlicher fühlen, und du wirst dir deines Körpers und seiner Bedürfnisse im Allgemeinen bewusster werden.

Das Channeln bietet dir als einen seiner größten Vorteile die Möglichkeit, ein besseres Gleichgewicht zu finden und dein Leben in positiverer Weise anzugehen. Es ist wie eine Fahrt in einem Sportwagen, in dem du wirklich die Straße unter dir spüren kannst. Allerdings besteht die Herausforderung darin, dass du dich nicht mehr gegen die Dinge verschließen kannst, die du nicht sehen oder hören willst. Denn jeder Bereich deiner körperlichen Existenz und deines Lebens tritt dann bewusster zu Tage.

Beim Channeln geht es nicht unbedingt darum, einen höheren Geistführer oder bedeutende spirituelle Offenbarungen zu finden. Dies ist durchaus möglich, falls es deine Mission ist. Vielleicht ist es aber deine Aufgabe, Methoden zu entdecken, um dein Leben erfüllter zu gestalten. Vielleicht schreibst du und suchst nach einer höheren Inspiration als Schriftsteller. Vielleicht drückst du deine Talente auf andere Weise aus und wünschst dir, dass die von dir gewählte Sache besser läuft. Vielleicht nützt du dann das Channeln, um dein Selbstvertrauen

zu stärken und in weiterer Folge deine Lebensqualität zu steigern. Das Channeln wirkt sich psychologisch in vielfacher Weise aus und wird sich in deinem gesamten Wesen widerspiegeln.
Danke. Ich bin bereit für die nächste Frage.«

[Neuer Fragensteller]
»H-A, könntest du uns den Unterschied zwischen Channeln und Führung erklären?«

»Channeln dient dem Bewusstwerden, Führung verwendet dann dieses Bewusstsein. Es versetzt dich etwa in die Lage, deinen persönlichen Geistführer zu erkennen, ebenso andere Formen der Beratung auf unterschiedlichen Daseinsebenen.«

»Danke. Du hast uns eine ziemlich breite Definition von Channeln gegeben. Wie weiß ich im täglichen Leben, dass ich channele, etwa bei kreativer Arbeit, beim Kochen oder bei einer anderen Tätigkeit? Wie kann ich wissen, dass ich tatsächlich channele?«

»Du musst es beobachten, verstehen und üben, und indem du dir dieser Fähigkeit bewusst wirst – denn das Channeln ist eine Fähigkeit –, bist du imstande, es in deinen Alltag aufzunehmen. Dann wird es zu einem bewussten Vorgang.
Wenn du also in die Küche zurückkehrst, wirst du dein Essen kochen, ohne gereizt oder verärgert zu sein. Du wirst einfach entspannt sein, dich abstimmen und plötzlich erkennen, dass das, was du tust, eine neue Dimension annimmt. Vielleicht bemerkst du, dass du experimentierfreudiger wirst und mehr Gewürze und Kräuter verwendest. Möglicherweise inspiriert es dich, deine Mahlzeiten in einer nie gekannten Weise zuzubereiten. Vielleicht sollte ich diese Idee mal einigen Kochschulen unterbreiten! [Kichern]«

»Willst du damit sagen, dass es eher eine Frage des Lernens, der Übung und der Absicht ist als eine eigentliche Handlung? Man kann doch sicher auch channeln, ohne sich dessen bewusst zu sein?«

»Selbstverständlich ...«

»Wenn jemand kreativ tätig ist ...«

»Viele Menschen channeln, ohne es zu wissen. Mit dem Eintritt in das Zeitalter des Wassermanns wechseln wir jedoch gleichzeitig in ein Zeitalter der Eigenverantwortung. Dies bedeutet, dass du als Channel selbst die Kontrolle über deine Bewusstseinsentwicklung übernimmst. Dies ist wichtig, weil du ansonsten dahinstürmst wie ein durchgegangenes Pferd. Du könntest leicht vom Weg abkommen, dich Drogen und Alkohol zuwenden oder die Verantwortung für dein Leben zu meiden versuchen. Und du könntest dich leicht als Wesen auflösen.

Es ist also kein Zufall, dass das Konzept des Channelns gerade in diesem Augenblick an die Oberfläche tritt. Es zeigt sich, weil es in diesem zukünftigen Zeitalter benötigt wird. Außerdem kann jeder einen Nutzen daraus ziehen. Besonders wichtig ist jedoch, dass du der Boss bist. Beantwortet das deine Frage?«

»In etwa, danke. Nur noch eines … bedeutet das, die Menschen müssen für den Eintritt in das neue Zeitalter von anderen channeln lernen, um es in ihren Alltag aufzunehmen, oder geschieht dieser Prozess von sich aus?«

»Wie vieles im Leben ist auch dies ein Prozess, der sich von selbst auf ganz natürliche Weise ereignen kann, ohne dass du dir dessen im Geringsten bewusst bist. Menschen, die jedoch ein Bewusstsein auf hoher Ebene besitzen – wobei ich das Wort ›hoch‹ im Sinne von empfänglich für schnellere, feinere Frequenzen verwende –, geraten in Gefahr, über Bord zu gehen, wenn sie nicht das Steuer selbst in die Hand nehmen und die Regeln verstehen.«

»Danke, das hat meine Frage beantwortet.«

[Neuer Fragensteller]
»H-A, welche Erfahrung ist das Channeln für dich?«

»Ich fühle mich als Teil einer Verständnisebene, die den Wunsch besitzt, in diesen Zeiten des Überganges zur Evolution auf dem Planeten Erde beizutragen.

Auf der persönlichen Ebene bedeutet es, dass ich einen Geist in einem menschlichen Körper entdecke, mit dem ich in Kontakt treten kann, mit dem mich eine gewisse Art von Harmonie verbindet. Vielleicht waren der Channel und ich bereits zuvor auf einer bestimmten Ebene vereint. Jetzt spreche ich jedoch nicht als menschliches Wesen, sondern als integraler Bestandteil einer Bewusstseinsgruppe.

Daher muss ich mich in gewisser Weise durch einen Schornstein zwängen [er lacht]. Ich muss meine normale Frequenz reduzieren, denn wenn ich mit der gesamten Energie der Frequenz in den Sensitiven einträte, würde ich seinen physischen Körper zerstören. Ich steige also auf eine Ebene herab, auf der ich es meinem Bewusstsein gestatten kann, mit seinem zu verschmelzen, und ich versuche dies, so vorsichtig und ruhig wie möglich – um ihn zu schonen.

Du darfst nicht vergessen, dass ich nicht über die höchste göttliche Energie verfüge (und nur auf dieser höchsten Energieebene gibt es Perfektion – auf jeder anderen Ebene findet sich kein einziger Geist, der die gesamte, absolute Weisheit besäße). Ich kann also durchaus Fehler begehen, wenn ich den Sensitiven benutze. Ich kann etwa mit zu viel Energie in ihn eintreten, so dass er am Ende der Sitzung erschöpft ist, weil anstelle einer harmonischen Verbindung zwischen uns der Vorgang gezwungen, angespannt und stresserfüllt erfolgt. Diese Anspannung kann sein Nervensystem belasten und damit seinen gesamten Körper.

Von mir aus muss daher die Kommunikation durch einen Sensitiven mit äußerster Sensibilität erfolgen. Ich achte auch sorgsam darauf, ihn nicht in einer Weise zu benutzen, die ihm unangenehm ist oder Angst macht. Für mich ist es, als zwängte ich mich durch einen Schornstein, in dem die Energie immer schmaler und schwächer wird. Oft begegne ich dem Geist des Sensitiven außerhalb seines Körpers, weil ich weiß, dass er mir entgegenkommen will, um sich mit mir zu treffen; dann ist es, als würde man zwei Ströme zusammenführen, zwei Töne, die zu einem einzigen verschmelzen.

Ich kommuniziere in einer Art von Telepathie durch den Sensitiven. Ich verwende sein Gehirn, seinen Geist und sein Wesen. Dadurch bekommt es teilweise seinen Touch. Im Lauf der gemeinsamen Jahre haben wir gelernt, diesen Effekt zu minimieren, so dass unsere Vereinigung heute mehr Vergnügen bereitet. Es war mir immer eine Freude, jemanden zu finden, der auf der irdischen Ebene inkarniert und so großzügig ist, mir etwas Raum zuzugestehen. Ich erstrebe diesen Raum nicht, um ihn zu kontrollieren oder zu beurteilen, sondern um zu unterstützen, Rat zu erteilen, Fragen zu beantworten und Konzepte für euch zu erschaffen, wenn ihr mir durch den Sensitiven zuhört.

Wie klingt das für euch?«

»**Großartig, danke.**« [Ein leises Lachen, dann herrscht Stille]

[Neuer Fragensteller]
»**H-A, stammen die gechannelten Durchgaben immer von einer höheren Wesensebene?**«

»Nein. Sie können von jeder Wesensebene stammen.«

[Neuer Fragensteller]
»Wenn jemand den Wunsch hat, zu channeln und mit höheren Ebenen in Kontakt zu treten, sollte dann nicht die zugrunde liegende Motivation sicherstellen, dass manipulativ eingestellte Wesensformen gar keinen Zugang zum Channeln bekommen? Wäre das in Ordnung?«

»Ich glaube, dass diese Betrachtungsweise nicht vollkommen korrekt ist. Denn neben einer guten Absicht ist es auch wichtig, dass der Channeller die vorbereitenden Übungen ausführt und sämtliche Energien anspricht, die er um sich fühlt. Ich darf auch anmerken, dass ein Channeller mit ichbezogener Motivation auch ichbezogene Energien anziehen wird.

Mit wachsendem Bewusstsein beginnst du, wie ein Leuchtfeuer zu strahlen; denn während du dich mit deinem eigenen Licht und deinem eigenen Schatten auseinander setzen musst, ziehst du auch Licht und Schatten an.

Vielleicht hast du Glück, und du triffst dein ganzes Leben lang auf kein Schattenwesen. Es kann jedoch jederzeit geschehen, auch dann, wenn du es am wenigsten erwartest.

Ihr habt oft von mir gehört, dass der wahre Pfad zu spirituellem Bewusstsein nicht darin besteht, das Licht einfach anzuerkennen, sondern ein ganzheitliches Wesen zu werden. Ein ganzheitliches Wesen zu werden, bedeutet, dass ihr euch jedes Aspekts dieses Wesens bewusst seid, des Lichts und des Schattens, und dass ihr imstande seid, beide zu beherrschen und Harmonie und Gleichgewicht herzustellen.

Zu guter Letzt wird dieser Planet lernen, dass es am einfachsten ist, verständnisvoll mit dem Schatten umzugehen. Heute geschieht dies zumeist noch auf der extremeren Ebene der Vergeltung. Ihr kennt den Ausspruch: ›Wenn du durch das Schwert lebst, wirst du durch das Schwert sterben.‹ Diese Botschaft herrscht immer noch in der Kultur eures Planeten vor. Und wann immer Menschen versuchten, sich über diesen Grundsatz hinwegzusetzen – wie etwa Mahatma Gandhi –, riefen sie eine derartige Polarität hervor, dass sich die extreme negative Haltung gegen sie richtete. Aus diesem Grund wurde Gandhi auch ermordet. Die Welt war noch nicht bereit für das, was er zu bieten hatte.

Wenn wir in das Zeitalter des Wassermanns eintreten, wird sich uns die Möglichkeit eröffnen, über die Notwendigkeit des Schwertes hinauszugehen. Dies ist einer der Gründe, warum ich durch diesen Channel zu euch spreche.

Ist euch das eine Hilfe?«

»Ja, ich glaube schon ... es geht also um das Streben nach Gleichgewicht und darum, Licht und Schatten zu erkennen und anzuerkennen. Danke.«

[Neuer Fragensteller]
»H-A, mir kommt es so vor, als würde jeder, der am Channeln interessiert ist, ein großes Risiko eingehen. Denn er würde sehr verletzlich werden gegenüber einem Geist, den er nicht auswählen kann und der seinen Körper missbrauchen könnte. Wenn er nicht ganz gesund ist, könnte er sogar körperlich Schaden nehmen. Nun frage ich mich, welche Sicherheit es gibt – wie kann ich dafür sorgen, dass ich das Channeln auf ungefährliche Weise erlerne?«

»In dem Augenblick, in dem du im Mutterleib in deinen physischen Körper eintrittst, steht dein gesamtes Wesen auf dem Spiel. Ab dem Moment deiner Geburt in dieser Welt, wenn du den Mutterleib verlässt, steht dein gesamtes Leben auf dem Spiel. Jedes Mal, wenn du eine stark befahrene Straße überquerst, steht dein Leben auf dem Spiel. Ich glaube nicht, dass Channeln riskanter ist als irgendeine andere Tätigkeit auf deinem Planeten.

Wenn du in einen schnellen Sportwagen steigst und mit ihm dahinschießt, noch ehe du überhaupt Autofahren gelernt und die Straßenverkehrsordnung gelesen hast, wirst du vermutlich nicht nur dich, sondern auch andere verletzen.

Ich würde mich als Lehrer einer Unterlassung schuldig machen, wenn ich nicht darauf hinwiese, dass Channeln, ebenso wie alles andere im Leben, Herausforderungen mit sich bringt. Gleichzeitig kann ich dir versichern, dass du kaum Angst verspüren wirst, wenn du dich dieser Tätigkeit in klar definierter, ausgeglichener und kontrollierter Weise annäherst. Das Risiko, dass es dann mit dir ein böses Ende nimmt, ist minimal. Man könnte sagen, dass es insgesamt ungefährlicher ist als der Job, den du gerade machst.« [allgemeines Gelächter]

»**Das glaube ich.**« [Lachen]

»Ich hoffe, das gibt dir die nötige Sicherheit.«

»**Danke. Ich werde jetzt erst mal die Straßenverkehrsordnung auswendig lernen.**« [noch mehr Gelächter]

[Neuer Fragensteller]
»H-A, kannst du uns etwas über die anderen Geistführer erzählen, die durch Sensitive arbeiten? Wir kennen teilweise ihre Namen, aber könntest du uns erklären, welche Beziehung du zu ihnen hast oder ob du die anderen Energien verstehst, die auf derselben Ebene und zur selben Zeit durch andere Sensitive arbeiten?«

»Ich betrachte uns als verschiedene Geschmacksrichtungen derselben Frucht. Wir erfüllen die Bedürfnisse und nutzen die Bereitschaft der Sensitiven, mit denen wir verbunden sind. Wenn also eine Bewusstseinsebene meiner eigenen Gruppe den Wunsch verspürt, durch dich zu sprechen, würde sie versuchen, Übereinstimmung mit dem zu erzielen, was du deiner Ansicht nach zu bieten hast, und durch diese Übereinstimmung mit deinem eigenen Bewusstsein verschmelzen und voranschreiten.

In der Gruppe, mit der ich bisher arbeite, habe ich meine eigene Bewusstseinsebene bereits mehreren Sensitiven angeboten. Wenn sie sich entscheiden, diese Frequenz zu verwenden, und sich mit mir synchronisieren, ist das ausgezeichnet. Wenn sie sich lieber etwas anderem zuwenden, das ihrem eigenen Bewusstsein angenehmer ist, ist das auch in Ordnung.

Ein typisches Beispiel dafür ist Diane, die Kontakt zu einem geistigen Führer gefunden hat, der sich ›Lama‹ nennt. Lama und ich gehören derselben Bewusstseinsebene an. Lama ist die Yin-Form und ich bin die Yang-Form dieses Bewusstseins. Wir ergänzen einander ausgezeichnet und bilden eine Ganzheit, wenn wir uns verbinden und gleichzeitig channeln. Aber ich weiß, dass der Yang-Aspekt besser zu diesem Sensitiven passt und der Yin-Aspekt zu Diane. Dies hat nichts mit dem physischen Geschlecht oder der Persönlichkeit dieser beiden Channeller zu tun; es hängt vielmehr mit dem Geist im physischen Körper von Tony zusammen und jenem im physischen Körper von Diane.

Habe ich deine Frage angemessen beantwortet?«

»Ich glaube schon, obwohl ich nicht weiß, welche Antwort ich erwartet habe.« [Lachen]

»Das wusste ich auch nicht. Deshalb habe ich eine gewählt, die mir angemessen erschien.« [Lachen]

»Ich wollte einfach einen besseren Einblick erhalten in die Art und Weise, wie ihr auf eurer Bewusstseinsebene miteinander umgeht, und ich glaube, du hast meine Frage beantwortet ...«

»Wo das ›Lehren‹ stattfindet – und ich komme von einer Lehrebene, wie du weißt –, gibt es viele Geister, die eine physische Existenz mit dem Auftrag annehmen, mit uns in Verbindung zu bleiben, denn selbst im Channeln benötigen wir Verbündete auf beiden Seiten. Meine Bedürfnisse stimmen daher mit Tonys Bedürfnissen überein und umgekehrt. Auf diese Weise sind wir eins; und er wählte dieses Leben als Teil seines eigenen Prozesses.

Er hätte sich auch entschließen können, mit den Geistern Verstorbener zu arbeiten, anders ausgedrückt, mit Menschen, die kürzlich ihre physische Inkarnation verlassen haben. Aus meiner Perspektive ist diese Art von Arbeit ebenso wichtig. Dadurch hätte er natürlich eine völlig andere Art von Geist angezogen. Aber sind wir nicht alle Teil desselben Ganzen?

Das ist es – ein kleiner Bonus zur ursprünglichen Antwort!«

»Danke.«

[Neuer Fragensteller]
»Ich hätte da eine Frage. In meiner Arbeit denke ich mitunter: ›Das stammt jetzt aber von anderswo, nicht von mir‹ – allerdings werde ich mir dessen erst rückblickend bewusst. Jetzt wüsste ich gerne, ob ich auch bewusst channeln kann, um es zum Vorteil für meine Tätigkeit nutzen zu können.«

»Gestatte mir, dich in einer Hinsicht zu korrigieren: Du benutzt es bereits zum Vorteil deiner Tätigkeit. Ansonsten kann ich lediglich antworten, dass du es ›mit etwas Übung‹ erlernst, das heißt, indem du dir vornimmst, es bewusst zu tun. Vielleicht findest du jemanden, der mit dir zusammenarbeitet, dir hilft und für dich die richtigen Fragen stellt, wenn du versuchst zu channeln.

Das Streben, dies zu erreichen, muss also von dir ausgehen. Selbstverständlich werden wir dich unterstützen. Ich fühle, dass ich es dir auf diese Weise erklären kann, weil du bereits eine weite Strecke des Weges zurückgelegt hast und verstehst, wovon ich spreche. Dein Bewusstsein arbeitet auf einer Ebene, wo du bereits weißt, dass du dieses Bewusstsein besitzt, auch wenn es mitunter nicht spontan erfolgt. Dein Problem liegt nun darin, herauszufinden, wann du dir dieser Verbindung bewusst bist. Die Antwort lautet, dass du mit einer Person oder Gruppe zusammenarbeiten solltest, die dich führen kann.«

»Hast du dafür einen bestimmten Vorschlag?«

»Ich glaube, in diesem Fall musst du die Entscheidung selbst treffen.«

»Danke.«

»Ich werde der Antwort nicht ausweichen, sondern sie dir geben. Was diese Art von Entwicklung betrifft – und du bist mit einem spirituellen Motiv in diesen Körper eingetreten, das begreifst du doch? –, muss die Wahl bei dir liegen. Aber ist die Entscheidung wirklich so schwer? Gibt es unter deinen Freunden nicht einige, denen du dieselbe Frage stellen kannst?«

»Nur sehr wenige.«

»Vielleicht solltest du einfach ein wenig experimentieren – was hältst du davon? Besonders aufregend ist die Erweiterung deines Bewusstseins, weil es auf dem Weg vorwärts kein Richtig und Falsch gibt; jede Erfahrung hat ihre Gültigkeit. Solange du dich in einem physischen Körper befindest, ist es deshalb wichtig, dir zu sagen: ›Ich werde meinen Fuß ins Wasser tauchen, um festzustellen, wie kalt es ist. Und wenn mir die Temperatur in diesem See nicht behagt, gehe ich zum nächsten und prüfe nochmals, bis ich einen finde, der mir gefällt.‹ Und wenn du ihn gefunden hast, wird sich die Tür öffnen.«

»Danke.«

[Neuer Fragensteller]
»Du sprichst also über verschiedene Arten von Channeln – wenn jemand bewusst channelt, oder wenn jemand ganz natürlich channelt, einfach von sich aus ...?«

»Ich habe die vorige Frage so beantwortet, wie es mir bei dieser Fragenstellerin geeignet erschien. Aber wenn ich allgemeiner darauf eingehen soll, so gibt es keine richtige Antwort. Für einige ist spontanes Channeln auf einer bestimmten Ebene geeignet, sicher und in Ordnung und wird auf ganz natürliche Weise geschehen.
    Heute Abend spreche ich jedoch von jenen, die sagen: ›Ich möchte mein Bewusstsein erweitern, weil ich nicht mehr zufrieden bin mit dem, was ich bereits habe.‹ Hilft dir das?«

»Ich bin nicht sicher. Ich frage, weil ich einmal ein Channelling erlebt habe, bei dem ich mich wirklich unwohl gefühlt habe – es ist einfach nicht aus meinem Körper hinausgegangen, sondern wieder zurückgekehrt. Das Channeln auf diese Weise war also nicht das Richtige für mich. Gleichzeitig spüre ich manchmal, dass ich auf ganz natürliche Weise channele.«

»Vielleicht erfolgt bei dir das Channeln durch deinen Kugelschreiber. Channeln muss nicht unbedingt in der Weise geschehen, wie ich es durch diesen Channel tue.«

»Richtig – genau das war meine Frage.«

»Channeln kann auch einfach eine Erweiterung deines Bewusstseins durch jede beliebige Tätigkeit in deinem Leben sein.«

[Neuer Fragensteller]
»Das heißt, es geschieht bei einer Sache, auf die ich mich konzentriere?«

»Genau so ist es, und dies ist ein wichtiger Aspekt, weil wir in das Zeitalter des Wassermanns wechseln. Den Grund dafür werde ich dir erklären. Da wir in ein Zeitalter eintreten, in dem die Betonung auf dem Geist und den mentalen Dingen liegt, ist es besonders wichtig, dass die Menschen Möglichkeiten finden, um ihr Bewusstsein zu entwickeln.
Im Zeitalter der Fische war das Channeln weit verbreitet, wenn es auch unbewusst erfolgte: Denkt nur an all die großen Maler, Künstler, Komponisten oder Architekten. Einige der größten Wissenschaftler, Politiker, Erfinder und Geschäftsleute waren Channel, wobei viele von ihnen es absolut nicht wussten. Irgendwie passte dies zur Atmosphäre des Zeitalters der Fische.

Mit dem Eintritt in das Zeitalter des Wassermanns wird alles stärker vom Geist geprägt. Dies ist nun ein anderes Spiel. Wenn die Menschen nicht bereit sind, zu lernen und ihr Bewusstsein zu öffnen, kann dies ein Zeitalter großer Zerstörung werden. Es könnte ein Zeitalter werden, in dem Gefühle und Emotionen vollkommen ignoriert werden. Ich glaube, ich muss nicht weiter ausführen, was die Folge davon wäre. Etwas wahrlich Furchterregendes.

Ich darf euch daran erinnern, dass das kommende Zeitalter des Wassermanns kein goldenes Zeitalter sein wird. Es wird lediglich eine Zeit, in der andere Akzente gesetzt werden, in der es ein ungeheures Potenzial und außergewöhnliche Möglichkeiten geben wird. Ich bin kein Prophet des Untergangs. Ich bewundere und respektiere die großartigen allgemeinen Anstrengungen, welche die Menschheit im Verlauf der letzten 50 Jahre unternommen hat. Doch es gibt nach wie vor Kriege, Folter und Seuchen, weil die menschliche Rasse und der gesamte Planet noch nicht jenes Stadium erreicht haben, in dem sie ohne diese Dinge auskommen. Dies ist Teil des Evolutionsprozesses des Planeten.

Ja, Channeln kann tatsächlich so spontan erfolgen, dass sich der Empfänger nicht einmal bewusst ist, dass er channelt. Im Zeitalter des Wassermanns kann dies jedoch gefährlicher werden. Daher glaube ich, dass es für uns auf diesem Wegabschnitt überaus wichtig ist zu begreifen, dass wir die Kontrolle über unser Bewusstsein erringen müssen.

Ich danke dir für deine Frage, die es mir ermöglichte, euch diese Antwort zu geben. Gibt es noch andere Aspekte des Channelns, die ich noch nicht behandelt habe und über die ihr mit mir sprechen wollt?«

[Neuer Fragensteller]
»H-A, ich wüsste gerne, wie sehr dich der Sensitive beeinflusst, durch den du arbeitest?«

»Wenn ich dir eine humorvolle Antwort geben darf, mein Sohn, würde ich sagen: ›Das hängt vom Wetter ab.‹« [Lachen und Kichern]

»Ich habe gerade daran gedacht, dass du eine sehr starke Identität besitzt, wenn du durch den Sensitiven kommst. Hast du eigentlich auch eine individuelle Identität neben deiner Identität als Teil einer Bewusstseinsgruppe?«

»Ich glaube, die einfachste Antwort auf deine Frage lautet: Hast du mich schon durch einen anderen Sensitiven sprechen gehört?«

»Ja.«

»Und wie hat sich das angefühlt?«

»Es fühlte sich genauso an. Ich konnte deine Energie spüren ... sehr stark.«

»Vielleicht wirst du mir dann eines Tages gestatten, durch dich zu sprechen.«

»Das hoffe ich.«

»Wenn man mit dem Bewusstsein eines menschlichen Wesens verschmilzt, gibt es jede Menge ›versteckter Hürden‹ zu überwinden. Wie schaffe ich es, eine Botschaft durch einen Sensitiven zu übermitteln, die er nicht hören will? Wie gelingt es mir, etwas weiterzugeben, das das Gehirn des Sensitiven nicht begreifen kann?

Die Beziehung muss wirklich sehr subtil und sanft sein. Hin und wieder passiert es jedoch, dass ich etwas weitergeben will, was den Ansichten des Sensitiven widerspricht – und du kannst mir glauben, wir haben immer wieder Unstimmigkeiten.

Das heißt, wir müssen wirklich an dieser Beziehung arbeiten, damit hast du Recht; einige Gedankenkonzepte kann ich durch diesen speziellen Sensitiven leichter weitergeben als durch andere. Wenn ich zum Beispiel durch Gilly Wilmot spreche, kann ich andere Dinge weitergeben als durch diesen Sensitiven, und umgekehrt.

Aus meiner Sicht ist es daher ein Privileg und auch sehr wichtig, durch mehrere Sensitive sprechen zu können. Denkt nur an die tief greifende Wirkung des Tibeters, der sowohl durch Alice Bailey als auch Madame Blavatsky sprechen durfte.

Ich glaube, es ist für jede Energie und jede ›ologie‹, wenn ihr so wollt, – darf ich den Ausdruck ›ologie‹ verwenden? – wichtig, dem Fortschritt gegenüber offen zu sein. Das bedeutet, dass sie immer bereit sein muss, neue Ideen zu erhalten und hervorzubringen. Heute kann ich durch diesen Sensitiven Botschaften übermitteln, die ich vor 40 Jahren nicht hätte aussprechen können, weil wir beide uns ebenso verändert haben wie unsere Beziehung zueinander. Wenn wir einmal zu der Ansicht gelangen, dass wir für dieses Leben genug voneinander hatten, werde ich vielleicht durch andere Channels sprechen, die den Faden dort aufnehmen, wo wir als Partner endeten. Denn für mich ist spirituelles Verständnis ein fortschreitender Prozess, und ich hoffe und bete, dass die großen Weltreligionen diesem Verständnis tatsächlich Herz und Geist öffnen werden. Wenn sie das nicht tun, werden sie in sich zusammenbrechen. Das ist eine Prophezeiung.

Vermutlich bin ich nun weitergegangen, als du mit deiner Frage beabsichtigt hast.«

»**Danke.**«

[Neuer Fragensteller]
»**H-A, ich hätte da eine Frage: Es geht um den Konflikt zwischen meinem Wunsch, mich dem Channeln zu öffnen, und der Angst, dass ich es nicht kann und mich dagegen verschließe.**«

»Ich glaube, du solltest froh und dankbar sein und jene Seite deines Wesens ehren, die dir sagt, dass du nicht würdig genug bist. Dies wird dir helfen, bewusst vorzugehen und langsam und vorsichtig Schritt vor Schritt zu setzen, auch wird es dich davor bewahren, in die Falle zu tappen, dass dein Ego die Kontrolle übernimmt.

Ich kann dir daher nur den guten Rat erteilen, jene Seite deines Wesens zu ehren und zu fördern, die an deinen Fähigkeiten zweifelt. Wenn es dein Wunsch ist zu channeln, dann bin ich überzeugt, dass es dir auch auf jener Ebene gelingen wird, die für dich die richtige ist. Allerdings kannst nur du selbst herausfinden, welche Ebene dies ist.«

»**Danke.**«

[Neuer Fragensteller]
»H-A, ich möchte dir gerne eine Reihe von Fragen stellen, und eine davon lautet: Wenn jemand mit dir durch einen Channel kommuniziert, erinnert das ein wenig an die Vergangenheit, als man das Orakel befragte. Könntest du uns etwas über den Unterschied zwischen den alten Zeiten erzählen, als die Menschen noch das Orakel befragten, und dem heutigen Channeln, wie wir es jetzt erleben?«

»In gewisser Weise ist der Unterschied wesentlich geringer, als du vielleicht glaubst. Wenn du von den griechischen Orakeln sprichst wie etwa dem von Delphi, so lag die Schwierigkeit darin, dass die Menschen, die es leiteten, politische Ämter innehatten und die Kontrolle über das Gesagte bewahren wollten nach dem Motto: ›Wir werden deuten, was durch diesen Channel kommt ...‹ Insofern hat sich nicht viel verändert, meinst du nicht auch?« [Lachen]

»Ist das eine persönliche Meinung? [Lachen] Du beziehst dich doch auf die Deutung?«

»Selbstverständlich.«

»Ich glaube schon, dass es einen Unterschied gibt, doch ich meinte Folgendes: Die Menschen befragten damals das Orakel, ohne zu wissen, dass sie sich auch selbst ihren eigenen Einsichten öffnen können, und ...«

»Genau aus diesem Grund folgte darauf die hierarchische Energie der vergangenen Zeitalter, in denen alles von einer höheren Quelle aus kontrolliert wurde. Und damit stoßen wir erneut auf den grundlegenden Unterschied, der sich aus dem Eintritt in das Zeitalter des Wassermanns ergibt. Denn mit diesem Wechsel in ein neues Zeitalter erhält die Menschheit erneut die Gelegenheit, aus der von Angst erfüllten, autokratischen, dominanten Führung des Planeten auszubrechen.

Wir schreiten tatsächlich in ein Zeitalter individueller Verantwortung, individueller Befähigung und individuellen Verständnisses. Es wird nicht leicht sein, denn diese Richtungsänderung wird zahlreiche Probleme und Schwierigkeiten mit sich bringen. Viele Menschen werden sie ablehnen, denn sie bedeutet, dass sie von nun an kein ›Orakel‹, keine höhere Autorität, mehr um Rat und Antwort auf ihre Fragen ersuchen können.

Das heißt, dass du selbst eine Lösung finden musst. Nun, heute Abend habe ich versucht, eure Vorstellungskraft und Kreativität anzuregen, damit ihr leichter entscheiden könnt, wie ihr euer Bedürfnis, das eigene Verständnis zu erweitern, stillen könnt. Ich habe euch keine Methode vorgeschlagen, denn die müsst ihr selbst wählen. Mit eurer so genannten School of Channelling habt ihr jedoch bereits einen Anfang gemacht, und ich glaube, dies hat bereits einige Zentren in eurem Inneren geöffnet. Ist es nicht so? Ihr habt nun die Wahl, diesen Weg weiterzugehen oder eine andere Richtung einzuschlagen. Wenn ihr nach wie vor mit uns arbeiten wollt, könnt ihr Aspekte dieser Bewusstseinsebene channeln. Dies betrifft einige von euch hier.

In diesem Zeitalter, in das wir nun eintreten, wird es jedoch nicht darum gehen, neue Gurus, Meister oder sonstige übergeordnete Kräfte hervorzubringen oder die Macht in den Händen einiger weniger zu konzentrieren. Es geht wirklich und wahrhaftig um ›Einigkeit in Vielfalt‹, also darum, dass das Inidviduum Gott in sich findet und nicht einen Gott irgendwo außerhalb. Es stehen euch unendliche Wahlmöglichkeiten offen, nicht wahr? Danke.«

»Danke.«

[Neuer Fragensteller]
»**H-A, du sagst, dass du zwar hier bist, aber nicht beabsichtigst, jemanden zu manipulieren. Aus einem bestimmten Blickwinkel betrachtet können jedoch deine Aussprüche und Lehren die Zukunft verändern, indem sie unseren Zugang zur Welt verändern, so dass man sie auch als langfristige Manipulation sehen könnte ...«**

»Das verstehe ich. Aber ich zwinge dich nicht, irgendeinem Aspekt meiner Lehre zu folgen. Ich erpresse dich nicht emotional, indem ich dir androhe, was passieren wird, wenn du meiner Lehre nicht folgst. Es ist ein Angebot an deinen freien Willen, das du auf jeder Ebene annehmen oder zurückweisen kannst.

Selbstverständlich werden einige versuchen, mich der Manipulation zu beschuldigen. Ich kann jedoch nur vom Zentrum meines Verständnisses aus sprechen. Und von der Bewusstseinsebene aus, von der ich spreche, gibt es keine bewusste Absicht zu manipulieren – sogar der Sensitive gestattet mir, dies durch ihn zu sagen.« [Kichern]

»Aber wenn du die Zukunft veränderst, vielleicht unabsichtlich veränderst ...«

»Ich bin nicht hier, um die Zukunft zu verändern. Ich bin hier, um euch zu sagen, dass ihr, wenn ihr meine Worte hören wollt und das Gefühl habt, dass sie mit eurer eigenen Raison d´être übereinstimmen, die Wahl habt, die Zukunft des Planeten durch das zu beeinflussen, was ihr erkannt und gelernt habt. Was hingegen die Veränderung des Planeten betrifft, so kann ich nur sagen, ich hoffe, dass ihr es in Form eines Angebots macht, nicht in Form einer Manipulation.

Meine Lehre besitzt viele Aspekte, die ich als radikal verstehe und erkenne, und gerade aufgrund der radikalen Natur meiner Worte setze ich sie der Gefahr aus, missbraucht zu werden, wie auch mich selbst und leider auch möglicherweise den Sensitiven, mit dem ich arbeite. Dies ist jedoch das Wesen einer Evolution, und am Ende kann Wahrheit immer nur ein Angebot sein – nie eine Regel, nie ein Gesetz und nie eine ›Pflicht‹. Das ist das Beste, was ich euch bieten kann.«

»Danke.«

»Ihr müsst einfach darauf vertrauen, dass ich dies nicht als fantastische Möglichkeit betrachte, um die Zukunft der Welt zu beeinflussen. Denn wenn ich daran glaubte, dass ich hier sei, um die Zukunft der Welt zu verändern, wäre meine Lehre sowohl moralisch als auch ethisch in großen Schwierigkeiten.

Ich bin nicht hier, um die Welt zu retten. Ich bin gekommen, um euch ein breiteres Verständnis anzubieten, das euch hoffentlich befähigen wird, euren Weg aus einem weiteren Blickwinkel zu sehen – ohne zu urteilen, zu manipulieren oder Bedingungen zu stellen.
Danke.«

[Neuer Fragensteller]
»H-A, vor einigen Jahren fragte ich mich, warum wir durch das Channeln nicht alle technologischen Mittel erhalten, die wir benö-

tigen, um den Planeten zu retten. Seitdem bin ich zu der Einsicht gelangt, dass wir dadurch nur die Symptome behandeln würden, nicht jedoch die Ursache und dass unsere spirituelle Entwicklung der wahre Schlüssel ist.«

»Erlaube mir, es so auszudrücken, mein Sohn: Das wäre, als gäbe man einem dreijährigen Kind eine Atombombe zum Spielen.«

»Vor kurzem habe ich eine Durchgabe von dir aus dem Jahr 1985 gelesen, in der du über die Zusammenarbeit zwischen Entitäten, also Bewusstseinseinheiten, von anderen Planeten gesprochen hast. Du hast von einem höheren Bewusstsein erzählt, das in die physischen Körper von Wesen eines bedeutend höher entwickelten Planeten eintritt ...«

»Ich werde nichts davon zurücknehmen, mein Sohn. Wenn ein Planet in seiner Gesamtheit den Entschluss fasst, die Möglichkeiten zu akzeptieren, die ein Wechsel von einem Zeitalter in ein anderes mit sich bringt, und also einen bedeutenden Schritt in seiner Evolution setzt, benötigt er Menschen – Körper –, durch die gearbeitet wird. Selbst Jesus brauchte den Körper von Christus ... Ich glaube, der Sensitive hat jetzt meine Worte verdreht ... [Lachen]

Als die Energie von Christus dem Planeten angeboten wurde, benötigte sie einen Körper, um zum Ausdruck zu kommen, und das war der Mensch Jesus. Meiner Ansicht nach gibt es viele Seelen auf diesem Planeten, in männlichen und weiblichen Körpern, die diesen Augenblick für ihre Inkarnation gewählt haben, um es den Geistern in jenen physischen Körpern zu ermöglichen, Ratschläge zu erteilen, durch die der Planet in seiner Entwicklung fortschreitet.

Ich möchte hier eines klarstellen, das, wie ich weiß, etwas abweicht von dem, was andere Channels gesagt haben: Wenn ein Geist im Augenblick der Empfängnis in einen Körper eintritt, ist dies ein ganz natürlicher Prozess, und die Energien Gottes bevorzugen es, auf natürliche Weise vorzugehen. Meiner Meinung nach kommt es eher selten vor, dass ein Geist einen bereits entwickelten Körper übernimmt. Falls dies tatsächlich einmal geschieht, würde ich mir größte Sorgen machen, ob dieses Vorgehen wirklich klug ist. Verstehst du, was ich damit sagen will? Ich weiß, dass ich damit im Widerspruch zu anderen Botschaften stehe, aber ihr müsst begreifen, dass die universelle Arbeit am besten in Harmonie zu natürlichen Prozessen zum Ausdruck kommt. Diese Energien arbeiten nicht mit manipulativen Prozessen. Und wenn sie es doch tun, müsste man stets darüber wachen, welche Art von Energie an diesen Prozessen beteiligt ist. So weit verstanden?«

»**Hm. Danke.**«

»Die Energie lässt allmählich nach, und ehe der Sensitive nochmals meine Worte verdreht, vielleicht noch eine letzte Frage – eine kurze?«

[Neuer Fragensteller]
»**Vielleicht nur deine Meinung zu dem Titel des Buches, das kurz vor seiner Veröffentlichung steht – vielleicht möchte auch der Sensitive gerne erfahren, wie du darüber denkst.**«

»Es ist das Buch des Sensitiven, nicht meines.«

»**Aber hast du ihn denn gar nicht dazu angeregt?**«

»Es war seine Entscheidung. [Lachen]
Ich darf jedem Einzelnen von euch für seine Fragen danken. Und wenn ihr selbst keine Frage gestellt habt, dann danke ich euch einfach für eure Anwesenheit. Es war mir eine Ehre, heute Abend mit dieser Gruppe zu arbeiten. Ich habe sehr positive Energien gespürt und danke euch allen dafür, dass ihr sie mir geschenkt habt. Gute Nacht und meinen Segen.«

[Alle] »**Gute Nacht.**«

Die im Folgenden angeführte Sitzung, in der H-A sowohl durch mich als auch durch Gilly Wilmot sprach, erfolgte als Abschluss eines zweitägigen Workshops im Channeln. Ich habe angemerkt, wann Gilly als Channel fungierte.

»Bevor ich eure Fragen beantworte, möchte ich einige Worte zum Thema Freiheit sagen.
Die letzten beiden Tage waren Tage der Entdeckung und der erfolgreichen Suche nach Freiheit. Ihr dürft nie vergessen, meine Freunde, dass Freiheit ein Zustand des Geistes ist, keiner des Daseins; Befreiung von Angst, Befreiung von Tradition, Befreiung aus dem Gefängnis der Starre, Befreiung aus einem Zustand, in dem ihr den vor euch liegenden Weg nicht erkennen könnt.

Die letzte dieser Freiheiten ist vielleicht jene, die sich am leichtesten erklären lässt, denn sie hat mit Verständnis zu tun. Wir müssen nur verstehen, dass wir in Kontakt mit dem spirituellen Impuls in unserem Inneren sein müssen, um nicht mehr ängstlich auf den Weg vor uns zu blicken. Sobald wir nämlich in Einklang mit dem innersten Teil unseres Wesens sind, wissen wir, dass sich die Straße vor uns von selbst enthüllen wird. Das ist im Übrigen die einzige Art von Fortschritt. Sie bedeutet, dass wir uns über unser persönliches Selbst hinausbewegen, über die Bedürfnisse unseres Egos, über die Bedürfnisse von Zwängen. Im Grunde bedeutet sie, dass wir Freiheit finden.

Diese Freiheit ist ein Geschenk, das jedem Geist zugänglich ist, denn es ist ein Geisteszustand, der vollkommen unabhängig ist von euren Umständen, eurer Lage und eurem Leben. Es ist etwas, das absolut frei ist von jedem Gefängnis, das ihr selbst für euch errichtet habt. Es bedeutet, dass ihr eurem Geist gestatten dürft, in den Himmel aufzusteigen und die himmlischen Reiche zu erforschen, jene Reiche, die sein rechtmäßiges Erbe sind.

Jeder von euch hat dieses Leben auf besondere Weise gewählt. Jeder von euch hat sich entschlossen, für diese zwei Tage hier zusammenzukommen, weil jeder von euch die anderen etwas lehren kann. Deshalb sage ich euch, seid geduldig, seid voll von Liebe, seid ihr selbst.

Ihr habt euren physischen Körper in einem bedeutenden Augenblick der Geschichte des Planeten gewählt. Zu einer Zeit, da sich die Mächte des Lichtes in einer Weise zusammengeschlossen haben, die die Mächte der Dunkelheit herausfordern; zu einer Zeit, da sich Licht und Schatten einander zu erkennen geben. Wir müssen diese beiden Energien miteinander verschmelzen und dürfen nicht zulassen, dass sie einander als Widersacher gegenüberstehen. Es ist eine Zeit, um zu verstehen und zu verzeihen und stetig voranzuschreiten, um die Furcht zu überwinden und weiterzugehen. Denn sobald sich die Furcht zeigt, wird eure linke Gehirnhälfte zu den Waffen greifen und jeden nur erdenklichen Grund anführen, warum ihr nicht weiter voranschreiten sollt: ›Es wird euch aus den Grenzen der Sicherheit hinausstoßen‹, ›Lieber den Teufel, den man kennt, als den Teufel, den man nicht kennt‹. Und dennoch, meine lieben Freunde, erwartet euch an der nächsten Ecke etwas Atemberaubendes und Aufregendes.

Ihr werdet jedoch erst dann um die Ecke sehen, wenn ihr aufrichtig sagen könnt: ›Ich habe mich mit der Vergangenheit auseinander gesetzt.‹

Sich mit der Vergangenheit auseinander zu setzen, bedeutet nicht, sich ihr zu fügen, sie mit einem Fingerschnipsen verschwinden zu lassen oder sie quer durch den Raum zu schleudern. Es geht darum, zu begreifen, dass das Erbe der Vergangenheit wichtig ist, weil es euch zu dem gemacht hat, was ihr in diesem Augenblick seid. Sich mit der Vergangenheit auseinander zu setzen, heißt, mit Dankbarkeit auf sie zurückzublicken und zu sagen: ›Das Mitgefühl und das Verständnis, das ich heute besitze, habe ich, weil ich mir gestattet habe zu leiden, weil ich es gebraucht habe, dieses Leiden in der Vergangenheit zu erleben. Ich begreife, dass ich die Ketten zerbrochen habe, als ich mich von der Vergangenheit löste, aber sie ist immer noch hier, und ich brauche sie, weil sie die Nahrung für meine Zukunft ist. Sie ist Teil meines Bewusstseins und ermöglicht es mir, mich zu entwickeln.‹

Wenn ihr also die Vergangenheit loslasst, schüttet ihr nicht das Kind mit dem Bade aus, um es mit einem passenden irdischen Sprichwort auszudrücken. Loslassen bedeutet lediglich, dass ihr die Ketten durchtrennt, die euch so erfolgreich sabotiert haben, die euch zu einem nervösen Wrack gemacht haben und unter deren Last sich euer Körper vor Schmerzen gekrümmt hat. Die Ketten, die euch zu Boden gedrückt haben und gegen die sich euer Körper vor Protest aufgebäumt hat. Die Ketten, die euch blind gemacht haben gegen die Wirklichkeit und euch mit Traditionen umgeben haben, die eure Kreativität gefährden. Ihr löst euch von jenem Schmerz aus der Vergangenheit, der es euch erschweren würde, in Zukunft frei zu atmen.

Hört mich an, meine Freunde, denn ich habe versucht, in eurem Inneren eine Saite anzuschlagen, die euch helfen soll zu begreifen, was für kostbare Geister ihr seid. Wie besonders ihr seid und wie besonders jedes Körnchen Erde ist. Jeder von euch hat unendlich viel zu bieten, und dies nicht nur anderen, sondern auch sich selbst. Denn in jedem physischen Körper schlägt ein Herz, das Zuneigung empfindet, ein Herz, das die Fähigkeit besitzt, die Hand zur Vergebung zu reichen und Mitgefühl und Liebe zu schenken, die frei sind von jeglichem Ego. Ihr wisst doch, was ich damit meine? Denn wenn Liebe vom Ego beeinflusst wird, wandelt sie sich zu etwas sehr Abhängigem, das danach fragt, was andere über euch denken und wie andere über euch urteilen. Worte wie ›Pflicht‹ beginnen einzudringen und sabotieren die Liebe auf bösartigste und gleichzeitig sehr wirkungsvolle Weise. Deshalb bitte ich euch, auf euch selbst zu hören, euch zu lieben und euch zu brauchen, denn wenn wir uns das Morgen ansehen, erkennen wir, dass uns große Herausforderungen bevorstehen. Wenn wir uns jedoch selbst helfen, werden wir diesen Herausforderungen erfolgreich beggegnen können. Und indem wir uns unseren Herausforderungen stellen, werden wir auch in der Lage sein, anderen zu helfen.

Ich bin hier, um eure Fragen durch Gilly, Tony oder durch beide zu beantworten. Deshalb sollte ich vermutlich ab jetzt den Plural verwenden und sagen, dass wir eure erste Frage erwarten.«

»H-A, als wir das letzte Mal miteinander gesprochen haben, hast du mir einen Hinweis gegeben. Ich zitiere: ›Wage einen Sprung, noch ehe du siehst. Lege deine jetzigen Gedanken in kleine Hände, deren Stärke in der Weisheit liegen, die sie vom Himmel erhalten haben.‹ Wie soll ich das erkennen, denn derzeit gelingt es mir noch nicht?«

»Was möchtest du erkennen, mein Sohn?«

»In welche Richtung sich diese kleinen Hände bewegen und worin ihre Stärke liegt.«

»Du bist so stark, wie du dir wünschst. Auch gibt es um dich viele kleine Hände, die dir Rat bieten. Ich wollte dir damit sagen, dass du deine Angst über Bord werfen sollst, die Angst davor, nicht perfekt zu sein. Löse dich von der Angst, ›dass du etwas nicht kannst‹, und stelle dich deinem Leben offen und ehrlich. Frage dich, was du tun musst, um in deinem Leben Erfüllung zu finden. Frage dich, wo dein Herz liegt, denn in deinem Herz findest du die Wahrheit. In deinem Herz findest du die innere Motivation deines eigenen göttlichen Wesens. In deinem Herz ist dir die Richtung vorgegeben, die du einschlagen musst, die Erkenntnis, wo du in deinem Leben stehst und was du erreichen willst. In deinem Herz liegt der nächste Schritt vorwärts. In deinem Herz ruht das Bedürfnis, über deine Angst hinauszuwachsen und über die Forderungen der Gesellschaft und Kultur hinauszugehen, in der du lebst.

Ich habe dir damit genug Stoff zum Nachdenken geliefert ... und ich würde gerne den anderen Sensitiven verwenden, um einen weiteren Aspekt zu beleuchten. Also gestatte mir bitte überzuwechseln.«

»Du sprichst von erkennen, davon, dass du nicht in der Lage bist, zu erkennen, was so nahe bei dir ist. Mit welchen Hilfsmitteln erkennst du eine Person? Ich will dir mal eine Frage auf der physischen Ebene stellen. Denke gut darüber nach. Wie erkennst du ein anderes menschliches Wesen, das denselben Raum betritt, in dem du dich befindest?«

(H-A durch Gilly)

»Ich lebe und arbeite mit ihr als Team zusammen.«

»Ich spreche nicht von der Person, mit der du zusammenlebst. Vielleicht sollte ich sagen, dass es eine Person ist, die du zuvor schon einmal gesehen hast und die jetzt deine Sphäre betritt. Wir wollen es aber ein wenig außerhalb der Familie halten. Was tust du? Wie erkennst du sie? Berührst du sie? Siehst du sie?«

(H-A durch Gilly)

»Ja, genau das tue ich, und ich unterhalte mich mit ihr.«

»Du unterhältst dich also mit ihr. Du entdeckst gemeinsame Interessen, etwas, das euch verbindet, etwas, das es dir ermöglicht zu sagen, dass ihr beide menschliche Wesen seid. Ist es nicht so?«

(H-A durch Gilly)

»Ja.«

»Wenn es darum geht, die subtileren Ebenen um dich auszuloten, kannst du dieselben Hilfsmittel anwenden, aber du solltest aus einem anderen Blickwinkel, aus einer anderen Perspektive hören, sehen und fühlen. Suche nach der gemeinsamen Schwingung, auf der du eine Beziehung aufbauen kannst. Im Grunde ist es ein Erkennen auf der Ebene des Herzens, nicht auf der des denkenden Geistes, sondern auf der des Herz-Geistes, der auf vollkommen andere Weise, in anderem Sinn sieht, hört, erlebt und berührt. Gestatte dir, dich zu öffnen, mitzuschwingen mit dem, was dich in diesem Augenblick umgibt. Finde heraus, was du mit dem Herz-Geist erkennen kannst, nicht mit dem Kopf-Geist. Wirst du das tun?«

(H-A durch Gilly)

»Ich werde es versuchen, ich habe dich verstanden. Danke.«

»Hast du noch eine weitere Frage?«

(H-A durch Gilly)

»Meine zweite Frage betrifft nochmals durchlebte Erfahrungen. Werden diese unter anderen Umständen durchlebt und zu anderen Zeiten, um die Wahl des Geistes in derlei Angelegenheiten auf die Probe zu stellen, oder treffen sich einige Geister und arbeiten nochmals zusammen, um Antworten zu finden?«

»Ja.« [Erst Schweigen, dann Lachen]

»Soll ich das so verstehen, dass sie sich erneut treffen?«

»Selbstverständlich.«
»Wenn auf dem Tisch vor dir ein Puzzle liegt, würdest du dich doch auch immer wieder dransetzen, bis du das Gefühl hast, dass jetzt alle Teile zusammenpassen, oder?«

(H-A durch Gilly)

»Ja.«

»In gewissem Sinn ist es dasselbe. Vielleicht willst du von Zeit zu Zeit zu einer Erfahrung zurückkehren, um sie ins Gleichgewicht zu bringen, um aus dem Puzzle ein Bild zu formen, das aus einer gänzlich anderen Perspektive betrachtet werden kann. Gleichzeitig befindest du dich aber selbst in dem Bild. Es sind also zwei Bewusstseinsebenen.

Es wäre dir eine Hilfe, mein Freund, wenn du auch in dir zwei Bewusstseinsebenen anerkennen würdest. Du stehst mitten in einer Erfahrung und lässt einfach alles geschehen. Auf einer weiteren Ebene siehst du dir selbst über die Schulter und erfährst bewusst, was geschieht. Es ist, als würdest du meditieren, während du den Abwasch erledigst oder mit dem Hund spazieren gehst. Du weißt, dass du in der dreidimensionalen Welt bist, aber du lässt die Tür einen Spaltbreit offen, um mit dem Geist in Verbindung zu bleiben, mit den höheren Ausdrucksebenen, die dich inspirieren, nähren und beraten können. Diese Tür bleibt immer ein wenig offen, um eine Strömung zuzulassen.

Ich glaube, ich wollte dir das sagen, um dadurch vielleicht die Verbindung zu dem herzustellen, was du glaubst nicht erreichen zu können.«

(H-A durch Gilly)

»Danke. Ich verstehe.«

[Neuer Fragensteller]
»H-A, darf ich dir eine Frage stellen? Es gibt Situationen, in denen dich dein Herz in die eine Richtung lenkt und dein Geist in eine andere. Du glaubst, das Richtige zu tun, aber an einem gewissen Punkt musst du Zäune errichten, um die Gefühle anderer nicht zu verletzen. So bleibst du wegen des möglichen Schmerzes zumeist allein auf einer Seite des Zaunes zurück. Dieser Zustand kann sich über Jahre erstrecken und zunehmend zu einer Belastung werden. Du spürst, dass du die richtige Entscheidung getroffen hast, in einigen Fällen könnte es jedoch auch die falsche sein. Was soll man in so einer Situation tun?«

»Mein Kind, es gibt keine richtige oder falsche Entscheidung; es gibt immer nur die Entscheidung, die du triffst. Deshalb geht es aus meiner Sicht um akzeptieren und verzeihen.«

»Würdest du deine Kinderkleidung dein Leben lang tragen? Würdest du die vielen Schichten von Kleidung gleichzeitig tragen?«

(H-A durch Gilly)

»Nein.«

»Würdest du dein gesamtes Gepäck tragen?«

(H-A durch Gilly)

»Nein. Lieber nicht.«

»Und doch entscheidest du dich dafür, all diese vielen Schichten zu tragen, nicht wahr? Es widerstrebt dir, sie zurückzulassen. Du trägst noch immer das Gepäck von früheren Reisen mit dir herum, das dich zu Boden zieht, und unter dieser Last kannst du nicht die Leichtigkeit des Seins fühlen, die du so innig ersehnst. Während du zurückblickst, kannst du nicht die Straße sehen, die vor dir liegt. Genau darauf solltest du dich aber konzentrieren. Meiner Ansicht nach gibt es kein Problem. In Wirklichkeit ist es sehr einfach.«

(H-A durch Gilly)

»Ich habe das Gefühl, einen großen Teil des Gepäcks zurückgelassen zu haben. Und den Weg in bestimmte Richtungen sehe ich auch klar vor mir, aber es gibt immer Gefahren ... Ich meine, niemand will einem Tier etwas zuleide tun oder einem Menschen, so dass es zwangsläufig nur eine Vorgehensweise geben kann. Ich sehe das als eine Art Zaun, den ich nicht übersteigen darf. Wenn du aber deine Zuneigung in einer Intensität zeigst, die über den Zaun hinausgeht ... prallt sie von jemandem ab und verletzt andere.«

»Dann sitzt du gefesselt hinter dem Zaun, mein Freund.«

(H-A durch Gilly)

»Ja.«

»Wenn du aus dem Gebäude trittst und den Pfad hinaufsteigst, wo gehst du dann?«

(H-A durch Gilly)

»Am liebsten im grünen Gras.«

»Und was lebt in dem grünen Gras? Unter den zarten Halmen des grünen Grases, was lebt dort?«

(H-A durch Gilly)

»**Erde und kleine Tiere.**«

»Hm. Und einige dieser kleinen Tiere sind wirklich winzig. Was, glaubst du, passiert mit denen, wenn du im grünen Gras gehst?«

(H-A durch Gilly)

»**Ich zerquetsche sie.**«

»Richtig.«

(H-A durch Gilly)

»**Deshalb habe ich es mir immer ... ich will die Spinnen wirklich nicht töten. Deshalb habe ich es mir immer zur Regel gemacht, alles zu versuchen, um ihnen keinen Schaden zuzufügen ...**«

»Verstehst du, was ich dir sage? Mit jedem Schritt, den du tust, bewirkst du Bewegung. Vielleicht geht dabei etwas zugrunde, wie etwa, wenn du im Gras gehst; wenn du jedoch gar nicht handelst, verharrst du für immer in diesem Zustand. Ist es nicht so? Du bleibst für immer gefesselt hinter dem Zaun.«

(H-A durch Gilly)

»**Ja.**«

»Du kannst nur sein, was du bist, und zulassen, dass du dies auch ausstrahlst. Du kannst nicht allen Wesen alles bedeuten; du kannst nur dir selbst treu sein, dann wirst du auch gut sein für andere.«

»**Wie Shakespeare sagte: Sei dir selber treu, Und daraus folgt, so wie die Nacht dem Tage, Du kannst nicht falsch sein gegen irgendwen. ... Danke, H-A.**«

»Ich glaube, es ist an der Zeit, die Sensitiven zu verlassen, aber wir hoffen, dass wir mit unseren Worten Antworten gegeben und wichtige Lebenssituationen für jeden von euch angesprochen haben. Wir lieben euch und danken euch, dass ihr es uns gestattet habt, bei euch zu sein.«

[Alle gemeinsam]
»**Danke, H-A. Unsere Liebe ist mit dir.**«

Anhang

Die School of Channelling

Heute gibt es zahlreiche Institute und Bildungsstätten, die Beratung und Unterricht für all jene anbieten, die sich zum Heiler ausbilden lassen wollen. Dennoch existieren kaum organisierte Möglichkeiten für jene, die erkennen, dass sie eine intuitive Gabe besitzen, die sie in strukturierter, schrittweiser und sicherer Weise weiterentwickeln wollen.

Die School of Channelling (die Adresse finden Sie auf S. 185) wurde für all jene ins Leben gerufen, die ihre Intuition oder psychische Sensibilität lieber in einer Reihe sorgfältig aufgebauter Wochenend-Workshops erforschen als durch die Teilnahme an wöchentlichen Gruppenzusammenkünften. Die Schule erkennt das Channeln in breitester Form als Möglichkeit an, um bewusst Kontakt mit Inspirationsebenen zu schließen und dadurch die eigene Kreativität besser zum Ausdruck zu bringen.

Jeder der drei Wochenend-Workshops ist Teil einer Ausbildungsreihe, in der praktische Anleitungen geboten werden, um mit sensitiver Energie sicher umzugehen und sie zu erden. Gleichzeitig eröffnen diese Workshops den Teilnehmern die Möglichkeit, das Ausmaß und die Richtung ihres sensitiven Potenzials kennen zu lernen. Uns ist das Verhältnis von Lehrer zu Schüler wichtig, weswegen wir darauf achten, dass bei jeder

Form von experimenteller Übung im Channeln nicht mehr als sechs Schüler mit einem Lehrer arbeiten. Nach dem Workshop wird jeder Schüler persönlich betreut, außerdem wird die wechselseitige Unterstützung organisiert. Dies bedeutet, dass die Schüler mit anderen Schülern in Kontakt gebracht werden, um gemeinsam zu üben.

Nach Abschluss des dreiteiligen Kurses bieten wir weiterführende Entwicklungsgruppen an, so dass immer die Möglichkeit für Beratung und Unterstützung gegeben ist.

Bibliografie und weiterführende Literatur

Benson, Herbert, Your Maximum Mind, Aquarian Press 1988
Bloom, William, Psychic Protection, Piatkus 1996
Eastcott, Michael J., Weg der Stille, Heyne 1991
Furlong, David, Develop Your Intuition and Psychic Powers, Bloomsbury 1996
Hope, Murry, Geistige Selbstverteidigung. Schutz und Sicherheit im spirituellen Bereich, Sphinx-Verlag, Basel 1993
Hope, Murry und Ann Neate, Meditations, The Atlanteans 1980
Klimo, Jon, Channeln. Der Empfang von Informationen aus paranormalen Quellen, Hermann Bauer Verlag, Freiburg 1988
Perls, Fritz, Grundlagen der Gestalt-Theorie, Klett-Cotta 2002
Roman, Sanaya und Duane Packer, Das Praxisbuch des Channelns, Ludwig, München 1998
Swainson, W. P., Three Famous Mystics – Swedenborg, Rider, o. D.
Weigell, Arthur, The Life and Times of Akhnaton, Thornton Butterworth 1922
White, Ruth, Arbeit mit den Chakren. Persönliche Entwicklung und Heilung durch Chakraenergien, Synthesis 2000

Williamson, Linda, Kontakte mit der geistigen Welt, Ullstein 1998

Wilson, Annie, Where There's Love, Gateway 1986

Nützliche Adressen

Hier finden Sie die Adressen von einigen Organisationen und Personen, die Sie kontaktieren können, wenn Sie an Kursen teilnehmen wollen oder wenn Sie Rat und Hilfe benötigen.

Besuchen Sie meine Homepage
www.channelling-online.com

Auch freue ich mich über Ihre E-Mails (bitte auf Englisch, des Deutschen bin ich leider nicht mächtig) an
tony@tony-neate.fsnet.co.uk

oder ein Fax an mich:
0044/1684/893536

School of Channelling, P.O. Box 109,
Worcester, WR8 0ZY, England
Tel. 0044/1684/311345
E-Mail: info@schoolofchannelling.co.uk

College of Healing
Ebenfalls in Runnings Park (s. oben)

College of Psychic Studies, 16 Queensberry Place,
London SW7 2EB
Tel: 0044/1717/5893292

Danksagung

Ich möchte den folgenden Personen danken: H-A, dessen Inspiration meinem Leben Bedeutung und Motivation verliehen hat; Ann, meiner Frau und Seelenverwandten, ohne die dieses Buch nie fertig gestellt worden wäre – sie arbeitete mit mir zusammen, verbesserte mein Englisch, half mir, das richtige Gleichgewicht zu finden, und wendete unendlich viele Stunden dafür auf, meine Ungeduld zu besänftigen; Dr. Andrew Powell und Gilly Wilmot für das Vorwort und die Einführung; Susan Mears für ihre Hilfe und Anleitung; Lorraine Stevens und Gilly Wilmot danke ich dafür, dass sie den ersten Entwurf gelesen haben; meiner Tochter Semira Fardon danke ich dafür, dass sie das Manuskript abgetippt hat; meiner ersten Frau Murry Hope danke ich dafür, dass sie mich in die Welt der Sensitivität einführte.

Register

A
Ägypten 35, 36
ägyptische Haltung 62
Ankh 107
Apollo 37
Astralkörper 74, 75, 77, 81, 82, 84
Astralreise 141
Atavare 134
ätherische Körper 75, 76
Ätherkörper 114, 116, 122, 128, 131
Atlantis 35, 49
Atothis 36
Aura 58, 59, 60, 61, 64, 65, 66, 67, 68, 70, 82, 84, 87, 91, 95, 113, 116, 119, 122, 127, 131
automatisches Schreiben 16, 17

B
Bailey, Alice 40, 170
Barbanell, Maurice 41
Beesley, Ronald 41
Bell, Graham 42
Benson, Dr. Herbert 44
Bewusstsein 88
Bewusstseinsebene 83, 128
Bewusstseinserweiterung 94
Birch, Silver 32, 41
Blavatsky, Madame 40, 78, 170

C
Campbell, Joseph 128
Cayce, Edgar 41
Chakren 74, 78, 81, 82, 83, 84, 85, 86, 87, 114, 116, 117, 119, 122, 131, 149
Chakrensystem 82, 114
Chakrenzentren 82
Churchill, Sir Winston 42
College of Healing 33
Cooke, Grace 41

D
Delphi 37, 171
Diel, Paul 105

E
Echnaton 36
Einstein, Albert 42, 151
Elemente Erde, Feuer, Wasser und Luft 95, 106
Eliot, T. S. 19
emotionaler Körper 76, 158
emotionaler/astraler Körper 77
Energie 106, 120
Energiezentren 83
Entspannungsübung 121
Erde 96
Ernährungsberatung 33

erweitern 88, 128
Erzengel Michael 49
Essenen 134
Essenz 74, 78

F
Fantasie 151, 152, 153
Feuer 95, 96, 97
Fleming, Alexander 42
Fox, George 39
Freiheit 175, 176
Freud, Sigmund 27
Friends of Runnings Park 32

G
Gandhi 163
ganzheitliches Wesen 163
Gayzonrija, Dr. M. S. 44
Gebet 91, 101, 104
Geist 76, 77, 78, 83, 89, 94, 132, 133, 158, 161
Geistführer 15, 17, 22, 131, 132, 134, 141, 142, 143, 147, 149, 152, 159, 160, 165
Geistwesen 132
Genie 133, 134
Gesetz gegen Hexerei 28
Gleichgewichtszustand 84
Grabmal des Arztes von Sakkara 36
Griechenland 35

H
H-A 12, 13, 17, 18, 22, 23, 29, 30, 31, 32, 33, 35, 36, 40, 43, 45, 49, 50, 56, 58, 74, 94, 98, 100, 103, 109, 118, 125, 126, 128, 131, 137, 140, 142, 146, 147, 152, 153, 154, 157, 158, 159, 160, 161, 162, 164, 165, 169, 170, 171, 172, 173, 175, 178, 179, 180, 181, 182, 186
H-A Meditation 88
Hals-, Stirnchakra 83
Halschakra 80

Harmonie 161, 163
Hauptchakren 117
Heilung 36
Heilungssitzungen 33
Helio-Arcanophus 31
Hellfühlen 52, 55
Hellhören 55
Hellsehen 51, 55, 81
Herzchakra 80, 83
hl. Michael 155
höheres Bewusstsein 158
Höheres Selbst 11, 12, 54, 89, 131, 132, 134, 140, 143, 144

I
Initiation 144
innere Harmonie 159
Inspiration 156
Intuition 140
intuitiver Körper 76, 77
Isis 107

J
Jesus 12, 38, 48, 109, 134, 174
Johanna von Orleans 39

K
Karma 59, 78, 128, 132
Körper 76
Knight, David 37
kreative Meditation 90, 95
kreatives Schreiben 134
Kreativität 42, 100, 131, 132, 133, 135, 137, 138, 153, 159, 172, 177, 183
Kronenchakra 80, 83, 114

L
Lama 165
Leonardo da Vinci 42
Lotussitz 91
Luft 96
Luzifer 155

M
Mantra 93, 94, 103, 104
Meditation 36, 88, 89, 90, 91, 92, 93, 95, 115, 135
Meditationstechnik 89
Meditieren 77
Medium 52, 56, 81, 133
Melba, Dame Nellie 27
mentaler Körper 76, 77, 158
Michelangelo 42
Monotheismus 36
Mozart 42
Mystizismus 46

N
negative Energien 36, 106, 120
Neopaganismus 156
New Age 47

O
Orakel 36, 37, 171, 172
Oui-ja-board 37

P
persönlicher Geistführer 24, 89, 123, 141
Persönlichkeitsentwicklung 33
Pharao Echnaton 35
Philolaus 37
physischer Körper 74, 75, 76, 77, 158
Platon 37
Prozess des Bewusstwerdens 122
psychische Schutzmechanismen 118
psychische Schutztechniken 117
psychischer Schutz 19, 90
Psychismus 18
Psychologie 39
Pythagoras 37
Pythia 37

Q
Quäker 39

R
reflexive Meditation 89, 91
rezeptive Meditation 90
Runnings Park 18, 32, 33

S
Saboteur 147, 148
Sakralchakra 81
School of Channelling 15, 16, 18, 33, 62, 172, 183
Schutzengel 24, 132, 141, 142
Schutzmechanismus 99, 101
Schutzmethoden 98
Schutzmittel 104
sechster Sinn 18, 43
Seele 11, 77, 83, 131, 153, 158
Selbstschutz 36
sensitive Energie 45, 50, 111, 118, 120, 133
sensitive Entwicklung 33, 34
sensitives Bewusstsein 120
Sensitivität 94
Shakespeare, William 42, 182
Solarplexus 80
Sperry, Dr. R. W. 44
Spiritismus 39, 40
Spiritualität 18, 46, 156
spirituelle Führung 83
spiritueller Auftrag 146
Steiner, Rudolf 41
Stirnchakra 80, 149
Swainson, W. P. 39
Swedenborg 39
Symbol 104, 105, 106, 107, 110

T
Taillard, René 27
Telepathie 162
Theosophische Gesellschaft 40
Trance 27, 29, 37, 56, 119
Trancemedium 32
Traumchanneln 36, 37
Trusts, Wrekin 33

U
universelle Rhythmen 144, 145

V
vier Elemente Erde, Luft, Wasser und Feuer 95

W
Wasser 96
Wassermann 47
White Cloud 29
White Eagle 32, 41
White Lodge 41

Wilmot, Gilly 20, 170, 178, 179, 180, 181, 182
Wurzel 114
Wurzelchakra 81, 82

Y
Yang 43, 44, 45, 46, 50, 104, 107, 165
Yin 43, 44, 45, 46, 50, 70, 93, 103, 107, 165

Z
Zeitalter der Fische 38, 47, 154
Zeitalter des Wassermanns 47, 154, 155

Alexa Kriele
Die Engel geben Antwort
auf Fragen nach dem Sinn des Lebens

272 Seiten, Gebunden mit Schutzumschlag
ISBN 3-7205-2350-0

Alexa Kriele, die bekannte Engel-Dolmetscherin,
deren Tetralogie »Wie im Himmel, so auf Erden«
begeisterten Zuspruch findet, stellt in ihrem Buch neue
Botschaften der Engel vor. Die himmlischen Helfer
geben erhellende und erstaunliche Antworten
auf die schwierige Frage nach dem Sinn
des Lebens und der Schöpfung.

KAILASH

Sylvia Browne
und Linda Harrison
Trost aus einer Anderen Welt
Botschaften aus dem Jenseits

*224 Seiten, Gebunden mit Schutzumschlag
ISBN 3-7205-2377-2*

Wie kann uns das Jenseits bei Problemen
in diesem Leben helfen? Die amerikanische Autorin
Sylvia Browne erhält als Medium Botschaften aus dem
Jenseits. Sie zeigt in ihrem neuen Buch, wie wir
durch diese Botschaften hier auf Erden
wertvollen Trost und Hilfe finden.

KAILASH